RUDOLF STEINER

WEIHNACHTSFEIER

RUDOLF STEINER

Weihnachtsfeier

Das Weihnachtsfest
des erneuten Christus-Verständnisses

Der kosmische Christus
und die Geburt der Christus-Erkenntnis in uns

Goethes «Pädagogische Provinz»

Zwei Vorträge,
gehalten in Dornach am 26. Dezember 1914
und in Basel am 27. Dezember 1914

Aus Goethes «Pädagogischer Provinz»:
Die drei Ehrfurchten

1977

RUDOLF STEINER VERLAG
DORNACH/SCHWEIZ

Nach vom Vortragenden nicht durchgesehenen Nachschriften
herausgegeben von der Rudolf Steiner-Nachlaßverwaltung
Die Herausgabe besorgten Ernst Weidmann † und Hella Wiesberger

EINZELAUSGABE

2. Auflage (unter dem Titel: Die Geburt der Christus-Erkenntnis in uns. Das Weihnachtsfest des erneuten Christus-Verständnisses) Dornach 1967

3. Auflage Dornach 1977

Frühere Ausgaben:

Dornach, 26. Dezember 1914: Das Weihnachtsfest des erneuten Christus-Verständnisses. Dornach 1935

Basel, 27. Dezember 1914: Der kosmische Christus und die Geburt der Christus-Erkenntnis in uns. Goethes «Pädagogische Provinz». Dornach 1935

Sonderdruck aus Bibliographie-Nr. 156:
«Okkultes Lesen und okkultes Hören»
Rudolf Steiner Gesamtausgabe, Dornach 1967

Printed in Switzerland by Meier + Cie AG Schaffhausen
ISBN 3-7274-5192-0

ALS MANUSKRIPT GEDRUCKT

Über den Charakter dieser Privatdrucke äußert sich Rudolf Steiner in seiner Selbstbiographie «Mein Lebensgang» (35. und 36. Kapitel, März 1925) folgendermaßen:

«Als mündliche, nicht zum Druck bestimmte Mitteilungen waren die Inhalte dieser Drucke gemeint...

Es ist nirgends auch nur in geringstem Maße etwas gesagt, was nicht reinstes Ergebnis der sich aufbauenden Anthroposophie wäre... Wer diese Privatdrucke liest, kann sie im vollsten Sinne eben als das nehmen, was Anthroposophie zu sagen hat. Deshalb konnte ja auch ohne Bedenken ... von der Einrichtung abgegangen werden, diese Drucke nur im Kreise der Mitgliedschaft zu verbreiten. Es wird eben nur hingenommen werden müssen, daß in den von mir nicht nachgesehenen Vorlagen sich Fehlerhaftes findet.

Ein Urteil über den Inhalt eines solchen Privatdruckes wird ja allerdings nur demjenigen zugestanden werden können, der kennt, was als Urteils-Voraussetzung angenommen wird. Und das ist für die allermeisten dieser Drucke *mindestens* die anthroposophische Erkenntnis des Menschen, des Kosmos, insofern sein Wesen in der Anthroposophie dargestellt wird, und dessen, was als ‹anthroposophische Geschichte› in den Mitteilungen aus der Geist-Welt sich findet.»

INHALT

ERSTER VORTRAG

Dornach, 26. Dezember 1914

Mit scharfen Zügen wird sich vielen Seelen die Erinnerung gerade an dieses Weihnachtsfest einprägen, denn es ist wohl kaum ein schärferer Gemütskontrast zu denken als der, welcher sich ergibt, wenn wir unsere Seele erheben zu der Stimme, die den Hirten ertönte, darstellend einen ewigen Wahrspruch für alle menschliche Erhebung der nachchristlichen Zeit:

Göttliche Offenbarung in den Höhen
Und Friede den Menschen auf Erden,
Die eines guten Willens sind,

wenn wir unsere Seelen erheben zu dem «Friede den Menschen auf Erden» und die heutige Tatsache betrachten, dasjenige, was wir ausgebreitet finden über den Horizont eines großen Teiles der gebildeten Welt.

Gerade um dieses Kontrastes willen wird ein lange in der Erinnerung bleibendes Wahrzeichen für die Menschenherzen der Erde das nun erlebte Weihnachtsfest sein. Können wir doch gewiß, wenn wir dasjenige wahren, was wir unaufhörlich zu wahren haben auf dem Felde unseres geisteswissenschaftlichen Denkens – innere Herzensaufrichtigkeit und innere Seelenwahrhaftigkeit –, können wir doch wahrlich dieses Weihnachtsfest nicht mit denselben Gefühlen begehen, wie wir andere Weihnachtsfeste begangen haben. Denn anregen muß es uns zu tiefem Nachdenken, anregen muß es uns ganz besonders zu dem, was sich uns aus unserer geisteswissenschaftlichen Vertiefung heraus als Idee für die Menschenzukunft ergibt, zu dem, was Menschenherzen zurückführen kann zu Zeiten, die der unsrigen nicht ähnlich sind.

Wir haben im Laufe der Jahre gar manches in unsere Seele eingeschrieben, das uns hinweisen kann auf die Art von Seelenverfassung, welche solche Zeiten herbeiführte. Was ist es denn, wovon wir fühlen müssen, daß es auch noch der Gegenwart so sehr fehlt? Wenn wir dasjenige, was oftmals das Herz unserer Betrachtungen gebildet hat, uns vor das Seelenauge rufen, dann werden wir sehen: es fehlt in den Tiefen der menschlichen Seele doch noch die Wahrheitserkenntnis davon, was in die Welt gezogen ist an dem Tage, dessen Erinnerung wir in dieser Winterweihenacht jedes Jahr begehen.

Das ganz Bedeutungsvolle, das ganz Tiefe, das geschehen ist in der Zeit, an die uns diese Winterweihenacht erinnert, es ist wahrhaftig nicht umsonst tief bedeutsam ausgedrückt in dem Spruche, den die Erdenmenschheit ja auch, man möchte sagen, als den eindringlichsten angesehen hat, eben in dem Spruche:

Göttliche Offenbarung in den Höhen
Und Friede den Menschen auf Erden,
Die eines guten Willens sind.

Das Einfachste, es ist oftmals für die Menschenherzen das am schwersten Verständliche, und so einfach dieser Spruch uns erklingt, so tun wir doch recht, wenn wir uns immer klarer und klarer machen, daß alle kommenden Zeiten des Erdendaseins fähig sein werden, diesen Spruch gerade immer tiefer und tiefer zu verstehen, sich immer mehr und mehr in seine bedeutsamen Worte hineinzuleben.

Nicht umsonst ist am populärsten geworden aus der geheimnisvollen Geschichte des Erscheinens des Christus Jesus auf Erden die Erscheinung des in der Weihnachtsweihenacht in das Erdenleben eintretenden Jesuskindes. Haben wir doch damit die Möglichkeit, etwas vor die Menschenseele hinzustellen, das liebevoll aufgenommen wird, auch von dem Herzen des noch kleinsten Kindes, sofern dieses Kind die äußeren Sinneseindrücke, wenn auch vielleicht noch nicht einmal mit Worten, empfangen kann – und das doch zugleich etwas ist, was so tief sich hineinsenkt in diejenigen Seelengründe, wo die Liebe am sanftesten und zugleich am stärksten wärmend den Menschen durchwellt.

Wahrhaftig, die Erdenmenschheit ist noch nicht viel weiter als bei der kindlichen Auffassung des Christus Jesus-Geheimnisses, und Epoche über Epoche wird noch vergehen müssen, bis die Menschenseele wiederum jene Stärke gewinnt, durch welche sie die ganze Größe des beginnenden Mysteriums von Golgatha in sich aufzunehmen vermag. So sei denn dieses Mal nicht eine Weihnachtsbetrachtung wie in anderen Jahren angestellt, sondern einiges vor Ihre Seelen gebracht, das uns hinweisen kann darauf, wie manches uns noch fehlt von jener Tiefe, die notwendig ist, um das Mysterium von Golgatha so recht in unseren Seelen aufleuchten zu lassen.

Wir haben gerade im Laufe des letzten Jahres öfter gesprochen davon, wie wir eigentlich auf unserem geisteswissenschaftlichen Boden nicht den Eintritt nur eines Jesuskindes, sondern zweier Jesuskinder zu feiern haben. Und es darf gesagt werden, daß damit, daß sich uns durch geisteswissenschaftliche Betrachtung dieses Geheimnis von den zwei Jesuskindern geoffenbart hat, der schwache Anfang gemacht worden ist zu einem neuen Verständnisse des Mysteriums von Golgatha. Langsam und allmählich nur konnte dieses Mysterium von Golgatha die Menschengemüter ergreifen. Wie es eingezogen ist in diese Menschengemüter, das kann sich vor unsere Seelen hinstellen, wenn wir zum Beispiel einen Blick darauf werfen, daß gewissermaßen dasjenige, was sich die heutige Christenmenschheit erkämpft hat in der Anschauung des Weihnachtskindes, sich durchringen mußte, von Osten nach Westen gehend, durch andere Auffassungen von einem göttlichen Mittler zwischen den höchsten göttlich-geistigen Wesenheiten und der menschlichen Seele.

Auch darauf haben wir schon öfter den Blick geworfen, daß parallelgehend mit dem Strome christlichen Lebens von Osten nach Westen ein anderer Offenbarungsstrom ging, mehr im Norden, nordwärts vom Schwarzen Meer, der Donau entlang aufwärts bis zum Rhein herüber, bis nach Westeuropa hinein. Jener Dienst, den wir kennen als den Mithrasdienst, er ist verschwunden in den ersten Jahrhunderten der christlichen Zeit. Aber in den ersten Jahrhunderten der christlichen Zeitrechnung hatte er in Europa ebenso viele Herzen ergriffen wie das Christentum selber, hatte sich tief eingeprägt und sich verbreitet in den Gegenden Mittel- und Osteuropas. Mithras erschien denen, die sich zu ihm bekannten, ebenso hehr und groß als der göttliche Mittler, der heruntergestiegen ist aus geistigen Höhen in das Erdendasein herein, wie den Christen der Christus erschien.

Ebenso hören wir, wie das Hereintreten des Mithras in das Erdendasein in der Winterweihenacht des kürzesten Tages gefeiert worden ist; ebenso hören wir, daß er verborgen in einer Höhle geboren worden ist, daß Hirten zuerst seine Offenbarung hörten. Der Sonntag wurde ihm, ebenso wie andere christliche Festtage, geweiht.

Und wenn wir fragen: Was ist das Charakteristische an dem Herabsteigen dieser Mithrasgestalt?, so müssen wir sagen: So wie der Christus vorgestellt wurde in dem Jesus, so konnte der Mithras nicht vorgestellt werden. Das Bewußtsein war vorhanden, daß, wenn man ihn äußerlich abbildete, eine bildhafte Vorstellung von ihm machte, daß man dann nur eine äußere symbolische Vorstellung habe. Denn der wahre Mithras war nur zu schauen von denen, die hellseherisches Schauen hatten. Zwar wurde er vorgestellt als Mittler zwischen den Geistern der höheren Hierarchien und der Menschenseele; aber nicht so wurde er vorgestellt, daß er sich in einem Menschen verkörpert habe. Vorgestellt wurde er als herabsteigend zur Erde, doch in seiner wahren Wesenhaftigkeit – nicht im Bilde, wo alle ihn sehen konnten, sondern in seiner wahren Wesenhaftigkeit – nur sichtbar für die Initiierten, für diejenigen, die hellseherisches Schauen hatten. Daß diejenige göttlich-geistige Wesenheit, die als Mittler vorzustellen ist zwischen den Geistern der höheren Hierarchien und der Menschenseele, in einem Erdenleibe selber sich verkörpert, diese Vorstellung war im Mithrasdienste noch nicht vorhanden. Denn der Mithrasdienst fußte noch darauf, daß altes primitives Hellsehen bei einer großen Anzahl von Menschen vorhanden war.

Wenn wir den Weg, den der Mithrasdienst von Osten nach Westen ging, untersuchen, so finden wir, wie unter den Menschen, die Mithrasdiener wurden, eine große Anzahl von solchen war, die selber schauen konnten in jenen Zwischenzuständen zwischen Schlafen und Wachen, wo die Seele nicht im Träumen, sondern in geistiger Wirklichkeit lebt, das wirkliche Herabsteigen des Mithras von Äon zu Äon, von Etappe zu Etappe, aus den geistigen Welten bis zur Erde hin. Und die andern wurden mitgerissen von diesen Sehern. Zeugnis ablegen konnten viele davon, daß den Menschen ein solcher Mittler, aber ein Mittler zu den geistigen Welten gegeben sei.

Was man als Mithraskultus hatte, war eben eine äußere, mehr oder weniger bildhafte Darstellung dessen, was die Seher schauten. Was ist es eigentlich, was uns in diesem Mithrasdienst entgegentritt? Wir dürfen nicht glauben – das geht aus unserer ganzen Weltanschauung hervor –, daß von dem Christus erst etwas gewußt wird seit dem Mysterium von Golgatha. Als denjenigen Geist, der kommen wird für die Menschheit, haben ihn die Eingeweihten der Mysterien und deren Schüler auch in den vorchristlichen Zeiten wohl gekannt. Die Eingeweihten haben auf ihn hingewiesen als den hohen Sonnengeist, den sie von den geistigen Höhen herabkommend schauten, der sich der Erde nahte, um in der Erde seine Wohnung aufzuschlagen. Als den Künftigen, als den Kommenden haben sie ihn bezeichnet. Sie haben ihn gewußt im Geiste und haben ihn herabsteigend geschaut.

Dann trat ein das Mysterium von Golgatha. Wir wissen, was es bedeutet. Wir wissen, daß durch dieses Mysterium von Golgatha der Geist, durch den die Erde ihren Sinn bekommen hat, in einen Menschenleib gezogen ist. Wir wissen, wie seither dieser Geist mit der Erde verbunden ist, und wir wissen auch, wie die Menschheit sich entwickeln soll, um in gar nicht so ferner Zukunft auch wieder im Geiste zu schauen den Christus, der durch das Mysterium von Golgatha sein eigenes Leben mit dem Leben der Erdenmenschheit vereinigt hat. Wir sprechen nichts Uneigentliches aus, wenn wir sagen: Dasjenige, was die alten Eingeweihten an den verschiedenen Orten oder Pflegestätten des Geistigen geschaut haben, das ist seither zu erkennen als durchdringend, durchwellend, durchpulsend, durchwebend das Erdenleben.

Aber so war es, daß sich immer mehr und mehr verlieren mußte für das hellseherische Erkennen, mit diesem hellseherischen Erkennen selber, das Hinaufschauen in die geistigen Sphären, um den Christus zu schauen, nachdem er heruntergestiegen war auf die Erde zu denjenigen, die da auf der Erde erkennen sollten, daß die Erde nicht nur menschliche Liebe birgt, sondern durchpulst ist von göttlicher Liebe, die sich immer mehr als höchster Schatz der Erdenmenschen offenbaren will. So recht sollten die Menschen empfinden, daß sie in ihrem Erdenhause das große Geschenk der kosmischen Liebe, den

Christus, von dem Gotte, den man den Vatergott nennt, empfangen haben; so recht sollten sie ihn kennenlernen als das Wesen, das fortan mit den Taten, mit dem ganzen Sinn der Erdenevolution verbunden sein soll; so recht sollten sie ihn kennenlernen in seinem Leben, von dem ersten Atemzuge als Kind bis zu der größten Tat durch das Mysterium von Golgatha, die Menschenherzen offenbart werden kann.

Noch war es uns ja möglich, im Laufe der letzten Zeit jene Lücke durch das Fünfte Evangelium auszufüllen, welche in den vier anderen Evangelien geblieben ist. Ja, es ist unserer Zeit beschieden worden, noch genauer, man möchte sagen, jeden Schritt dieses Gotteslebens auf Erden kennen zu lernen. Und weil die Menschen also gleichsam ganz vertraut werden sollten mit dem Christus Jesus als einem ihrer Brüder, als einem solchen, der aus den weiten geistigen Reichen in das enge Erdental gezogen ist aus Liebe zu den Menschen, weil die Menschen ihn so kennenlernen sollten in vertrautester, intimster Erkenntnis, deshalb mußten eine Weile die Erkenntnis- und Liebekräfte des menschlichen Gemütes gesammelt werden, um in rein menschlich-göttlicher Gedrungenheit, möchte ich sagen, anzuschauen dasjenige, was sich abspielte unter den Menschen als der Anfang einer neuen, der christlichen Zeit. Dazu aber mußte die Kraft im Menschen gleichsam ganz hinkonzentriert und hingelenkt werden auf das Leben des Christus Jesus, und mußte abgelenkt werden eine Zeitlang von dem Hinaufblicken zu den geistigen Sphären auf dasjenige, was eingezogen ist in das Kind von Bethlehem, was heruntergestigen ist aus den kosmischen Höhen.

Heute aber leben wir in der Zeit, in welcher der Blick sich wieder weiten muß, wenn Menschenfortschritt und Menschenheil wirklich die Erde beherrschen sollen. Weiten muß sich dasjenige, was der Christus in dem Leibe des Jesus von Nazareth war, zu dem, was er ist: zu dem Leben der Erde herabsteigend aus göttlich-geistigen Höhen.

Man möchte sagen: Der Mithrasdienst war etwas wie eine letzte, starke Erinnerung an den noch nicht zur Erde gekommenen, aber herabsteigenden Christus. Dann aber war es der Menschheit beschieden, den Christus immer inniger in das Gemüt aufzunehmen, so daß das Aufnehmen bis in das kleinste Kind hinein möglich war, aber in der Weise, daß neben diesem, mit diesem zusammen lief ein Abfluten der alten Art, hinaufzuschauen mit hellseherischem Blick zu den Höhen, aus denen Christus herabgestiegen ist, durch deren Anschauung wir erkennen, daß der Christus ein kosmisches Wesen ist, aus dessen Anschauen wir auch nur wissen, welchen Wert er für das enge Erdental hat. Langsam und allmählich flutete ab dieses hellseherische Hinaufschauen in kosmische Weiten, in denen Christus als kosmisches Wesen den Menschen erscheinen kann. Ein starker Anklang noch an das alte Wissen von dem überirdischen Christus war der Mithrasdienst.

Dann sehen wir, wie gleichsam allmählich abflutet, abnimmt die hellseherische Erkenntnis, wie selbst für diejenigen, die noch hellseherische Erkenntnis im alten Stile haben, ein Abfluten der hellseherischen Fähigkeiten eintritt, und wie mit diesem Abfluten auch die Möglichkeit aufhört, den Christus ganz in seiner wahren Wesenheit zu erkennen. Man erkennt ihn in seiner wahren Wesenheit, wenn man ihn nicht nur in seinem irdischen, menschlichen Wirken, sondern in seiner ganzen himmlischen Glorie erkennt.

Immer mehr schwand aber die Möglichkeit, Christus neben dem irdischen Dasein in seiner Himmelsglorie zu sehen. Wir sehen, wie das, was im Mithrasdienst noch lebte, schon abgeschwächt erscheint – trotz der hehren Größe, welche die entsprechende Lehre in sich birgt – in demjenigen, dessen Namen wir auch öfter erwähnt haben: in dem Begründer des Manichäismus. *Mani* weist uns auf den Jesus hin, aber es ist nicht ein solcher Hinweis, wie er bei dem einfachen, primitiven, gläubigen Gemüte ist, weil in diesem Geiste, der das Manichäertum begründete, noch altes Hellsehen war. Es ist aber auch noch nicht dasjenige, was der Gegenwart werden kann in bezug auf die Auffassung des Mysteriums von Golgatha. Der Christus Jesus ist für Mani ein Wesen, das nicht wirklich irdische menschliche Leiblichkeit angenommen hat, sondern nur in einem Scheinleibe, in einem ätherischen Leibe auf Erden gelebt hat. Wir sehen das Ringen im Manichäertum zum Begreifen des Mysteriums von Golgatha. Warum findet dieses Ringen statt? Weil es dem Begründer des Manichäertums noch möglich war, zu schauen in geistige Höhen, zu sehen, wie das geistige

Wesen, das Christus-Wesen, heruntersteigt. Aber es war noch nicht die Möglichkeit vorhanden, wirklich einzusehen, wie in die irdische Welt eindringt dieses geistige Wesen, wie es wirklich in einem menschlichen Leibe Wohnung nimmt. Ein Ringen der Seele war erst notwendig, bevor dieses volle Verständnis möglich war.

Wir sehen auch wiederum die Lehre der Manichäer sich ausbreiten von Osten nach Westen, eine Lehre, welche auf der einen Seite noch hinblickt zu dem göttlichen Geiste, der herniedersteigt, hinblickt auf alles dasjenige, was die alte Weltanschauung noch hatte: zu schauen nicht nur nach den physischen Wesen, die sich den menschlichen Sinnesaugen bieten, sondern zu den Wesen, die als Sternenwesen durch das Weltenall ziehen. Andererseits durchdrang die Zusammenkettung des menschlichen Schicksals, des menschlichen Lebens mit diesem kosmischen Leben die Seele des Manichäers. Tief wurzelte sich in ihm ein die Frage: Wie ist vereinbar das Böse, das im Menschenleben waltet, mit der Wirkung des guten Gottes? Tief, tief hineingeschaut in das Rätsel des Bösen hat das Manichäertum. Aber dieses Rätsel des Bösen kann uns doch nur in seiner Tiefe vor das Seelenauge treten, wenn wir es im Zusammenhange mit dem Mysterium von Golgatha aufzufassen in der Lage sind, wenn wir das Mysterium von Golgatha durchdringen mit dem Rätsel des Bösen, wie es auch der Manichäismus erstrebte. Daher das Ringen der Überreste alter hellseherischer Erkenntnis mit dem Problem des Bösen, mit dem Rätsel des Bösen im Manichäertum.

Und wahrhaftig, gerade diejenigen, welche am tiefsten und intensivsten berufen waren, ihre Seelen hinzugeben an das Verständnis des Mysteriums von Golgatha, sie haben gerungen mit dem, was noch hereinleuchtete in die neueren Zeiten von den Überresten der alten hellseherischen Erkenntnis. Wir brauchen nur zu denken an einen großen Lehrer des Abendlandes, den heiligen *Augustinus*. Bevor er sich durchgerungen hatte zu der Erkenntnis des paulinischen Christentums, war er higegeben an die Lehre der Manichäer. Einen größeren Eindruck machte es ihm noch, wenn er vernehmen konnte, daß heruntergestiegen war das göttliche Mittlerwesen aus göttlich-geistigen Sphären von Äon zu Äon. Dieses geistige Schauen überleuchtet auch für Augustinus in den ersten Zeiten seines Ringens noch die Erkenntnis, wie in einem fleischlichen Leibe der Christus auf der Erde Wohnung genommen hat, und wie sich mit dem Mysterium von Golgatha das Rätsel des Bösen löst. Ergreifend ist es, zu schauen, wie Augustinus mit *Faustus,* dem berühmten Bischof der Manichäer, Zwiesprache hält und eigentlich nur dadurch, daß dieser Bischof nicht den nötigen Eindruck auf ihn machen kann, sich wegwendet von dem Manichäertum und sich dann dem paulinischen Christentum zuwendet.

Dann sehen wir immer mehr abfluten dasjenige, was wir nennen können die Erkenntnis des überirdischen Christus, wie er war vor dem Mysterium von Golgatha; und im Grunde genommen schwindet erst mit dem Heraufkommen der neuen Zeit, des fünften nachatlantischen Zeitraums, vollständig dahin das, was die Überreste des alten hellseherischen Erkennens waren. Diese alte hellseherische Erkenntnis kannte noch den himmlischen Christus neben dem irdischen Christus. Fühlen konnte man natürlich diesen himmlischen Christus auch noch in den Anfängen des Christentums, aber anschauen, erkennend anschauen, wie er heruntersteigt, das war nur dem alten, hellseherischen Erkennen möglich. Uns muß es tief berühren, wenn wir vernehmen, wie in den ersten Zeiten der Ausbreitung des Christentums diejenigen, die ihre Erkenntnis noch aus dem alten Hellsehertum genommen haben, den Christus sich vergegenwärtigen wollten: wie sie, um den Christus zu erkennen, nicht bloß nach Bethlehem hinblickten, sondern in die Himmelssphären schauten, um zu sehen, wie er von da heruntersteigt, den Menschen das Heil zu bringen.

Wir wissen, daß neben dem Mithrasdienst, neben dem Manichäertum im Abendlande die Gnosis vorhanden war. Auch diese wollte verbinden, wenigstens soweit sie christliche Gnosis war, das Herabsteigen des Christus aus göttlichen Sphären von Äon zu Äon mit dem Erkennen des irdischen Lebenslaufes des Christus Jesus. Und dann ist es ergreifend, zu sehen, wie das menschliche Gemüt sich immer mehr und mehr konzentrieren will auf die Anschauung des bloß irdischen Lebens des Christus Jesus. Ergreifend ist es, zu sehen, wie dieses einfache menschliche Gemüt, das nicht das alte Hellsehen hat, um das Leben Jesu darzustellen, sich fast fürchtet vor der grandiosen Vorstellung, die man haben mußte für den aus Himmelshöhen herabsteigenden Christus. Ganz betäubt von den Vorstellungen, die noch die Gnosis hatte, sind die ersten Christen. Sie fürchteten sich vor diesen Vorstellungen.

Bis in unsere Zeit geht bei denen, die zwar im tiefsten Gemüt berührt sind vom Mysterium von Golgatha, aber sich nicht aufschwingen können zu jenem Geist-Erkennen, eine gewisse Furcht, das Gemüt könne in ein Chaos hineinkommen, wenn es sich erhebt in die Zeiten, in denen man sehen kann, was an geistiger Erkenntnis in den Lehren der Gnostiker wohnt. Uns aber berührt das, was noch die Gnostiker sagen konnten über den Himmels-Christus neben dem irdischen Christus, gar sehr. Ich möchte sagen, es wird unser Seelenblick keineswegs stumpfer für das irdische Leben des Christus Jesus, wenn er hinaufgezogen wird jetzt durch neues Hellsehen zu geistigen Höhen, wo der himmlische Christus zu finden ist, und von wo er herabgestiegen ist. Dann berührt es uns so tief, wenn die Gnosis erzählt: «Jesus sprach:

Sieh hin, o Vater,
Wie dies Wesen auf der Erde,
Aller Übel Ziel und Opfer,
Fern von deinem Hauche irrt.
Sieh, das bitt're Chaos flieht es,
Ratlos, wie's hindurch soll finden.
Darum sende mich, o Vater!
Siegeltragend steig ich abwärts,
Der Äonen Zahl durchschreit ich,
Jede heilge Kunde deut ich,
Zeige dann der Götter Bildnis.
Und so schenk ich euch
Des heiligen Weges
Tief verborgne Kunde:
‹Gnosis› heißt sie nun für euch.»

Wir fühlen, daß die neue Geisteswissenschaft uns wiederum dahin führen muß, daß wir um das Christus-Ereignis herumweben können in unserer Anschauung die geistige Aura, die aus Gründen, die wir schon oftmals erörtert haben und auf welche wir auch heute wieder hindeuten mußten, für die Menschheit eine Zeitlang verlorengehen mußte. Wir müssen es langsam und allmählich tun. Wir müssen gewissermaßen das, was uns die Geisteswissenschaft zu offenbaren vermag, so zu fassen suchen, daß das menschliche Gemüt, das heute noch weit von der Geisteswissenschaft entfernt ist, es zu fassen vermag.

Darum wurde versucht, im Grunde genommen die ganze anthroposophische Weisheit von dem Christus-Ereignis, namentlich von der Weihenacht und ihrer Verbindung mit dem menschlichen Gemüt, in einfache Worte zu fassen, die Ihnen auch hier vorgeführt worden sind:

Im Seelenaug' sich spiegelt
Der Welten Hoffnungslicht,
Dem Geist ergebne Weisheit
Im Menschenherzen spricht:
Des Vaters ew'ge Liebe
Den Sohn der Erde sendet,
Der gnadevoll dem Menschenpfade
Die Himmelshelle spendet.

Hoffentlich werden Zeiten kommen für die irdische Evolution, in denen mehr, viel mehr und mit deutlicheren Worten gesprochen werden kann über das Geheimnis von Golgatha, mit einfachen Worten für die ganze Welt; in denen ausgesprochen werden kann für die ganze Menschheit dasjenige, was die Geisteswissenschaft der Menschheit auch über das Mysterium von Golgatha zu sagen hat.

Wir sehen ja, wie gerade bis zum Ende des vierten, sogar bis zum Beginn des fünften nachatlantischen Zeitraumes, das alte hellseherische Erkennen so abflutet, daß die letzten Reste, die den Menschenseelen noch gegeben sind, der Verachtung anheimfallen. Wir sehen dieses erschütternd verkörpert in derjenigen Gestalt, welche in Europa auftritt – viel weiter verbreitet, als man denkt – gerade bei dem Abfluten des vierten nachatlantischen Zeitraumes, in der Gestalt des volkstümlichen Abenteurers – denn ein Abenteurer ist er geworden –, der noch tragen kann die zeitgemäßen letzten Reste der hellseherischen Erkenntnis in demjenigen, den das Volksbuch nennt: «Magister Georgius Sabellicus, Faustus junior, fons necromanticorum, astrologus, magus secundus, chiromanticus, aeromanticus, pyromanticus, in hydra arte secundus.» So lautet der vollständige Titel jenes *Faustus,* der dann im 16. Jahrhundert als Repräsentant des völlig abklingenden alten Hellsehens dasteht, desjenigen Faust, der noch einen Blick in die geistigen Welten hinein hatte, wenn er auch schon chaotisch war, dieser Blick.

Dann kommt das herauf mit der neueren Zeit, daß es der Menschenseele nicht mehr gegeben ist, wenn sie sich wie in den alten Zeiten passiv in gewisse Zustände versetzt, geistig zu schauen, sondern in der sie passiv nur das Sinnliche schauen kann und das, was der Verstand aus dem Sinnlichen kombinieren kann. Die ganze Tragik des letzten geistigen Schauens ist in den einfachen Mitteilungen über den Faustus junior zum Ausdruck gekommen. Im Grunde genommen nennt er sich schon in seinen Titeln so, daß wir erkennen können, er ist gleichsam der letzte Ausläufer derjenigen, die noch hineinschauen konnten in die Sphären, aus denen der Christus heruntergestiegen ist. Er nannte sich Faustus junior mit deutlicher Anspielung auf den alten Faust, den Manichäer Bischof Faustus, den Lehrer des Augustinus, der noch das besaß, nach dem Augustinus sich gesehnt hatte; denn die Schriften des Augustinus waren niemals so sehr verbreitet in Europa als in der Zeit, in der die Sagen von Faustus junior entstanden sind. Und er nannte sich Magus secundus, anspielend auf den Magus primus, der für diejenigen, die hineinschauen in diese Verhältnisse, auch noch dasteht als einer, der mit hellseherischem Blick hinausschaute, hinaufragte zu den Himmelssphären, vor dem sich aber fürchteten diejenigen, die nur anerkennen wollten, nur sich konzentrieren wollten auf das irdische Leben des Christus Jesus. Auf den alten *Simon Magus,* den Magus primus, weist Faustus damit hin, indem er sich nennt Magus secundus. Aber noch auf einen anderen weist er uns hin, von dem wir aus unseren geisteswissenschaftlichen Betrachtungen ja auch wissen, wie sein Blick hinaufgerichtet war in die geistige Welt, um zu schauen in den geistigen Sphären. «In hydra arte secundus» nennt er sich noch, hinweisend auf Pythagoras, der in der damaligen Zeit auf diesem Felde der Kunst der Primus genannt worden ist.

Wir sehen die letzte verglimmende Abendröte dessen, was altes Hellsehen war, und wir sehen, wie den Menschen schon unverständlich wird dieses alte Hellsehen. Ja, es hat sich wirklich erfüllt das, was uns so ergreifend in der Faust-Sage dargestellt worden ist: wie sich Augustinus sehnt nach dem Faustus senior, und wie er dann mit der Lehre des Faustus senior bekannt wird, wie uns gesagt wird, durch einen alten Mann und Arzt. Ebenso tritt uns, übertragen auf moderne Verhältnisse, Faustus junior entgegen in der Volkssage. Auch der alte Mann erscheint da wieder, der ihn warnt, aber Faustus junior hat seinen Pakt schon geschlossen; seine Erbschaft übergibt er dem Doktor Wagner.

Und wahrhaftig, wenn wir die Zeiten überblicken und das, was her übergekommen ist als Anschauung von einer geistigen Welt seit dem Herankommen des fünften nachatlantischen Zeitraumes, so müssen wir sagen: Es ist das dem Doktor Wagner übergebene Erbe. Denn es kommt darauf an, wie man ein solches Erbgut verwalten kann. Bei Faust ist es noch ein Hineinschauen in die geistigen Welten; bei Wagner ist es dasjenige, was nur in Pergamenten kramt, ausschaut nach alten Zeiten, und was im Grunde doch ganz richtig charakterisiert ist mit den Worten: daß man gierig nach Schätzen gräbt und froh ist, wenn man Regenwürmer findet.

Das ist die materialistische Weltanschauung unserer neueren Zeit, und es ist kein Wunder, daß in dieser materialistischen Weltanschauung alle Anschauung von dem Himmels-Christus verlorengegangen ist, ja, daß heute noch immer Furcht vorhanden ist vor der Erweiterung des Bildes, auf das sich die Erdenkräfte konzentrieren sollten bis heute. Aber wir wissen auch: die Erdenmenschheit müßte alles Verständnis für dieses Bild wahrhaft verlieren, wenn sie nicht zu weben vermag, durch eine neue, geistige Anschauung, eine neue Aura um das so ergreifende Bild von dem Weihnachtskinde und von seinem Werden durch dreißig und drei Erdenjahre. Die Geisteswissenschaft wird berufen sein die Seelen, welche sich ernstlich mit Geisteswissenschaft beschäftigen, werden es verspüren, daß sie dazu berufen ist –, den Blick der Menschengemüter wieder zu schärfen neben dem irdischen Christus für den Himmels-Christus. Denn dann wird der Christus erkannt werden für alle künftigen Erdenzeiten so, daß er niemals wieder verlorengehen kann dem Menschenfortschritt und dem Menschenheil.

Wenn die Weisheit wieder hinaufdringen wird in geistige Höhen, wo in göttlichen Sphären auch das Feuer der Liebe brennt, dann wird die Menschenseele wahrhaftig nicht wieder verlieren all das Wunderbare, all das in tiefste Liebeskräfte Hineindringende, was Menschen gewinnen können durch den Christus Jesus. Aber Unendliches wird dazugewonnen werden. Es wird dazugewonnen werden, was dazugewonnen werden muß, wenn die Menschheitsentwickelung in der entsprechenden Weise weitergehen soll.

Das aber, was wir heute zu sagen vermögen, es ist wahrhaft so – trotzdem sich schon eröffnet haben die neuzeitlichen Quellen einer neuen Geisteserkenntnis –, daß man es gut im Symbolum des Weihnachtsfestes begeht. Wer sich so recht einlebt in das, was heute noch unser geisteswissenschaftliches Erkennen ist, dessen Seele überkommt tiefe, tiefe Demut. Denn nur ahnen dürfen wir, was die Geisteswissenschaft einstmals in der Zukunft für die Menschheit werden soll, denn was wir heute von ihr zu erkennen vermögen, es kann sich nur verhalten zu dem, was einstmals der Menschheit geschenkt werden wird, wenn viele, viele Zeit noch verflossen sein wird, wie das ganz junge Weihnachtskind zu dem erwachsenen Christus Jesus.

Wir haben wirklich heute in unserer neubeginnenden Geisteswissenschaft erst noch das Kind. Daher ist das Weihnachtsfest so recht unser Fest, und wir verspüren, daß wir gegenüber dem, was als Menschenlicht walten kann in der Erdenentwickelung, heute leben in tiefer, finsterer Winternacht, und daß wir wirklich stehen mit unserem heutigen Wissen vor dem, was sich uns in tiefer Winterfinsternis der Erdenentwickelung offenbart, wie einstmals die Hirten gestanden haben vor dem Christuskinde, das sich ihnen zuerst offenbarte. Gegenüber dem Verständnis von dem Christus Jesus können wir uns heute so recht fühlen wie die damaligen Hirten und so recht bitten die Quellen des geistigen Lebens, die immer mehr und mehr fließen mögen den Menschen, so recht, recht bitten, sie mögen immer mehr und mehr wahrmachen göttliche Offenbarung in den geistigen Höhen, und jenen Frieden geben, den diese Offenbarung den Menschengemütern geben kann, die wirklich guten Willens sind. Wie ein Wahrzeichen erscheint uns dann wohl gerade *dieses* Weihnachtsfest. Wir wissen noch wenig von dem, was die Welt einstmals als Geisteswissenschaft haben wird. Wir ahnen, was noch kommen mag, wir ahnen es in tiefer Demut. Aber das Wenige, wenn wir es so recht in unser Herz eindringen lassen wollen, ach, wie kommt es uns dann vor!

Ein Blick über das heutige europäische Erdenrund, meine lieben Freunde: Wie denken die Völker über einander? Wie suchen die Völker jedes bei dem andern die Schuld für dasjenige, was geschieht! Schreibt sich uns die Geist-Erkenntnis wahrhaft ins Gemüt ein, oh, dann werden wir die Schuld verstehen, die da gesucht wird von dem einen Volke bei dem andern, von der einen Nation bei der andern. Wahrhaftig, diese Schuld hat jemand, der recht, recht international ist, der seine Schritte von Nation zu Nation lenkt. Aber man redet von ihm nur in den Kreisen derer, in deren Herzen ein wenig Geisteswissenschaft eingezogen ist. Da reden wir von Ahriman, dem so recht internationalen Wesen, das im Bunde mit Luzifer die wahre Schuld hat. Aber man findet ihn nicht, wenn man immer den Blick hinwendet zu den andern, sondern nur, wenn man die Wege zur Erkenntnis sucht durch Selbsterkenntnis. Da hinunter in die chaotischen Tiefen geht es. Dann fühlen wir ihn, diesen Ahriman. Aber wenn wir ihn recht erkennen und ihn im Zusammenhange erkennen lernen mit dem, was uns das Mysterium von Golgatha sein kann: die Verkündigung der Offenbarung der Weisheit in den Höhen und des Friedens in den Tiefen des Erdentales, dann erst verspüren wir, was das ganze Feuer der Liebe ist, die von dem Mysterium von Golgatha ausstrahlen kann, und die nicht Grenzen kennt, die aufgerichtet sind zwischen Nationen und Völkern.

Manches steht bereits in dem, was als Geisteswissenschaft schon vor unsere Seelen getreten ist. Aber blicken wir hin auf dasjenige, was sich vor dieser unserer chaotischen Gegenwart schon geoffenbart hat und was jetzt einen so erschütternd traurig-schmerzlichen Ausdruck gefunden hat, dann finden wir, wie so sehr klein jene Seelenwohnung ist, in der heute wohnen muß das neue Verständnis von dem Weihnachtskinde, das zur Erde gekommen ist. War es mit diesem Weihnachtskinde so, daß es den armen Hirten erscheinen mußte, daß es im Stall geboren werden mußte, verborgen vor dem, was damals die Welt beherrschte – ist es nicht mit dem neuen Verständnis dessen, was mit dem Mysterium von Golgatha zusammenhängt, jetzt wieder so? Ist nicht so unendlich weit von diesem Verständnisse dasjenige entfernt, was draußen in der Welt uns heute erscheint, wie entfernt war die Welt im Beginne unserer Zeitrechnung von dem, was sich enthüllte den Hirten, als sie hörten:

Göttliche Offenbarung in den Höhen
Und Friede den Menschen auf Erden,
Die eines guten Willens sind.

Feiern wir, meine lieben Freunde, dieses Weihnachtsfest des erneuerten Christus-Verständnisses in unseren Herzen und in unseren Seelen; fühlen wir uns, wenn wir ein rechtes Weihnachtsfest feiern wollen, gleich jenen Hirten, weit weg von dem, was jetzt die Welt erfüllt. Aber erkennen wir durch das, was uns als Hirten sich offenbart, dasjenige, was damals erkannt werden mußte, erkennen wir die Verheißung einer sicheren Zukunft. Und bauen wir auf in unseren Seelen das Vertrauen zur Erfüllung dieser Verheißung: das Vertrauen dazu, daß dasjenige, was wir heute empfinden wie das Kind, das wir anbeten wollen – das neue Christus-Verständnis ist dieses Kind –, werde wachsen, es werde leben und es werde in nicht zu langer Zeit so heranwachsen, daß sich in ihm verkörpern kann der ätherisch erscheinende Christus, wie sich der Christus verkörpern konnte im fleischlichen Leibe zur Zeit des Mysteriums von Golgatha. Erfüllen wir uns mit dem Lichte, das uns durch das Vertrauen in diese Verheißung bis ins tiefste Seeleninnere erleuchten kann, durchwärmen wir uns mit der Wärme, welche unser Gemüt durchpulsen kann! Wenn wir uns also gegenüber der geistigen Höhe fühlen, in welcher das Licht jener

Geisteswelt vor unsere ahnende Seele treten kann, dann allein können wir sicher sein, daß es einmal die Welt erhellen werde.

Wenn wir also denken, begehen wir – gerade in dieser schweren, schmerzlichen Zeit – ein echtes Weihnachtsfest. Denn nicht nur ist die tiefe, finstere Winternacht der Jahreszeit da; es ist über den Völkerhorizont hin das Ergebnis ahrimanischer Finsternis da, wie sie allmählich heraufgezogen ist seit dem Beginne des fünften nachatlantischen Zeitalters. Wie aber die Christus-Verkündigung zuerst nur den Hirten zukommen konnte und dann die Welt immer mehr und mehr erfüllte, so wird immer mehr und mehr die Welt erfüllen auch das neue Verständnis des Mysteriums von Golgatha. Und Zeiten werden kommen, die als Lichtzeiten auch für die Menschheit ablösen werden die Zeit der Winterfinsternis, in der wir heute leben.

Fühlen wir uns also als Hirten gegenüber dem, was auch noch ein Kind ist: gegenüber dem neuen Christus-Verständnis, und fühlen wir, daß wir durchpulsen können, in aller Demut durchpulsen können mit einem neuen Sinn den Spruch, der nicht nur ewig währen soll innerhalb des Fortschrittes der Erdenentwickelung, sondern der auch immer bedeutungsvoller werden soll. Vereinigen wir uns mit dem Gemüte, aber mit erhöhtem Bewußtsein, in dieser Weihnachtszeit in dem so verheißungsvollen Wahrspruch:

Göttliche Offenbarung in geistigen Höhen,
Friede, Friede immer mehr und mehr
Allen Menschenseelen auf Erden,
Die eines guten Willens sind.

ZWEITER VORTRAG

Basel, 27. Dezember 1914

Der große neuere Mystiker *Angelus Silesius* hat das schöne Wort gesprochen:

> Wird Christus tausendmal zu Bethlehem geboren
> Und nicht in dir, du bleibst noch ewiglich verloren.

Zwei Seiten hat dieser Ausspruch. Die eine besteht darin, daß mit ihm gleichsam das Bekenntnis abgelegt wird: die rechte, die wahre Weihnachtszeit muß gefeiert werden in dem inneren Herzen des Menschen, und Anregung muß alles äußere Weihnachtsfeiern sein zum Erstreben der inneren Tatsache, die da in der Winterweihenacht aus den Tiefen unserer Seele, aus dem Dunkel, das im Inneren der Seele so waltet, wie das Winterdunkel draußen, die tiefsten Kräfte heraufholt, die die Seele in sich finden kann. Und diese tiefsten Kräfte fühlen sich verbunden mit derjenigen Wesenheit, von der der Mensch ahnen kann, wie sie alles Erdenwerden durchwallt und durchwellt und ihm den Sinn gibt. Wir finden in den Tiefen unserer Seele etwas, mit dem der Christus ist, wenn wir nur tief genug heruntergehen in die Untergründe unseres Seelenlebens, dahin, wo wir noch mit unserem den geistigen Mächten der Welt ergebenem Sinn Bewußtsein entfalten.

Und die andere Seite des Spruches von Angelus Silesius besteht darin, daß der Mensch, der heute im Erdenwerden sich so recht als Mensch erfühlt, sich zum Bewußtsein bringen kann, wie wahres Menschensein, Nichtverlorensein als wahrer Mensch, daran geknüpft ist, daß die Seele im Innersten sich verbunden fühle mit der wesenhaften Substantialität des Christus Jesus. Aber uns ist durch mannigfaltige Betrachtungen im Laufe der Jahre klargeworden, daß im Fortschritt der Erdenentwickelung das Christus-Bewußtsein selbst sich immer vertiefen müsse, daß, mit andern Worten, die Menschen, wie sie von Inkarnation zu Inkarnation gehen, immer tiefer und tiefer zum Verständnis desjenigen kommen, was eigentlich der Christus ist. Und wir haben versucht in den letzten Zeiten, diese Christus-Erkenntnis dadurch zu vertiefen, daß wir gerade einen Quell geschaffen haben, durch den wir die Weihnachtsweihenacht, die Winterweihenacht, das Fest der Jesu-Geburt, in einem tieferen Sinne feiern können. Wie das gemeint ist, gehe aus unserer heutigen Betrachtung einmal hervor.

Ein großer Historiker der neueren Zeit wurde von einer an den Weltereignissen interessierten Persönlichkeit gefragt, warum denn in seinen Büchern die Ereignisse ausgeschaltet werden, die sich abspielen im Anschluß an das Mysterium von Golgatha, warum denn da nirgends die Rede ist von dem Eingreifen der Kräfte und Mächte des Christus Jesus in den Fortgang des menschlichen Geschehens. Gefragt wurde der große Historiker, warum er erklärt, wie die Päpste in die Geschichte eingegriffen haben, die Könige, die Heere, die verschiedenen Verwaltungsinstanzen, selbst Naturereignisse in die Geschichte eingegriffen haben, aber nichts könne man in seinen Schriften finden darüber, wie sich hindurchzieht durch das menschliche Geschehen seit dem Mysterium von Golgatha, was an Kräften in die Menschheit übergegangen ist durch dieses Mysterium von Golgatha. Der Historiker wurde nachdenklich. Dann sagte er nach einiger Zeit, nachdem er in der Sache mit sich gründlich zu Rate gegangen war: Für die Geschichtsbetrachtung muß es doch bei der Art bleiben, die ich bisher gepflogen habe; denn dasjenige, was an Christus-Kräften das Weltengeschehen durchwellt und durchströmt, das gehört einer Art Urwelt an, in die die Menschenseele nicht hineinzuschauen vermag. Man kann wohl betrachten, welche Wirkungen ausgegangen sind von dem Mysterium von Golgatha und von den Christus-Taten, aber man kann nicht die Eigenheit dieser Christus-Taten in der Geschichte selbst schildern.

Nun, dies ist nur eine der Illustrationen, die gegeben werden können für die Tatsache, daß selbst für so etwas wie die Geschichtsbetrachtung die illustresten Persönlichkeiten der neuesten Zeit nicht von sich sagen können, daß ihre Seele bereits das Weihnachtsfest gefeiert hat; denn noch nicht war aufgegangen in der Seele dieses Historikers die lebendige Gestalt, die lebendige Wesenheit des Christus Jesus, so daß er sie hätte schauen können, wie sie von Jahr zu Jahr, von Woche zu Woche, ja von Stunde zu Stunde durch alles das geht, was im Menschenwerden geschieht. Man kann hineinschauen heute noch als ein gründlicher Historiker in das geschichtliche Werden und nichts vernehmen davon, daß überall die Kraft des Christus in diesem geschichtlichen Werden seit dem Mysterium von Golgatha vorhanden ist. Verschiedene Ursachen können wir suchen dafür – und auch finden –, daß gewissermaßen in der Seele vieler, vieler Menschen noch nicht das Winterweihefest, das dem Weihnachtsmysterium gewidmet ist, gefeiert wird.

Einen gewissen Aufschluß kann uns geben derjenige, der uns diese Tatsache gewissermaßen aus den Tiefen seines Wesens heraus, wo er so recht das christliche Mysterium empfand, dargestellt hat: *Goethe*. Den «Wilhelm Meister», den Goethe so liebevoll geschildert hat in seinem ganzen menschlichen Werdegang, läßt er in ein Schloß kommen. Wilhelm Meister wird von dem Schloßherrn herumgeführt, und dann wird ihm gezeigt die Bildergalerie des Schlosses. Diese Galerie ist eine eigentümliche Galerie; sie enthält nämlich hintereinander die hauptsächlichsten Szenen des geschichtlichen Werdens: wie verflossen ist die Weltgeschichte bei den verschiedenen Völkern des Altertums, und auch beim althebräischen Volk, von Paradieseszeiten, vom Sündenfalle an, bis hindurch in die weiteren Epochen des geschichtlichen Lebens. In bedeutungsvollen Szenen ist das geschichtliche Werden dargestellt, und dann endet die Sache bei der Zerstörung Jerusalems – und nicht findet sich irgendein Bild, welches enthielte irgendeine Szene aus dem Leben des Christus Jesus, trotzdem die Geschichte über das Mysterium von Golgatha hinausgeführt wird bis zur Zerstörung Jerusalems. Da fragt Wilhelm: Warum hast du in deiner Bildergalerie nicht irgend etwas über den göttlichen Mann, der so viel Heil in die Menschheitsentwickelung gebracht hat? Ich finde in diesem Geschichtsgang eine Lücke; ich sehe den Tempel Jerusalems zerstört, ohne daß der Mann aufgeführt wird, dem sie kurz vorher noch kein Gehör geben wollten. – Und geantwortet wird Wilhelm: Dies zu tun, wie Ihr verlangt, wäre ein Fehler gewesen. Das Leben dieses göttlichen Mannes steht mit der Weltgeschichte seiner Zeit in keiner Verbindung. Es war ein Privatleben, seine Lehre eine Lehre für die einzelnen. Was Völkermassen und ihren Gliedern öffentlich begegnet, gehört der Weltgeschichte, der Weltreligion an, welche wir für die erste halten. Was dem einzelnen innerlich begegnet, gehört zur zweiten Religion, derjenigen der Weisen. Eine solche war die, welche Christus lehrte und übte, so lange er auf der Erde umherging.

Wahrhaftig, ein tief zu unserem Herzen sprechendes Wort! In bezug auf die Christus-Tatsache steht jeder Mensch als einzelner da, und steht in bezug auf die Christus-Tatsache allen Menschen, die auf der Erde wohnen, als unmittelbare Individualität gegenüber. Dasjenige, was man darstellen kann als Volksgeschichte, schleicht sich in die Angelegenheiten der einzelnen Völker; denn es betrifft dasjenige, was, wenn ich mich so ausdrücken darf, im Umkreis des menschlichen Schicksals vorgeht, mit dem Menschlichen vorgeht. Das, was der Christus Jesus in die Welt gebracht hat, es geht tief, tief innerlich hinein in dasjenige, was – welchem Teile der Erdenentwickelung er auch angehört – jedes Herz, jede Menschenseele insofern erfühlt und erlebt, als sie sich im wahren Sinne des Wortes als Mensch und als bloßer Mensch fühlt. Man muß es wieder empfinden, daß dieses Sich-als-Mensch-Fühlen erst mit dem, was durch das Mysterium von Golgatha gezogen ist, in die Menschheitsentwickelung der Erde eingetreten ist.

Und gehen wir weiter: Derjenige, dem das Schloß gehört, führt nun Wilhelm Meister weiter und zeigt ihm eine andere Galerie, die er verborgen gehalten hat. Nun treten sie in das Innere eines andern Raumes, wo die Ereignisse des Neuen Testamentes dargestellt sind. Also nicht da, wo die weltlichen Ereignisse von Etappe zu Etappe dargestellt sind, wo man das Exoterische zeigt, sollte Wilhelm sehen die Ereignisse des Neuen Testamentes, sondern in einem esoterischen Raum, für dessen Anschauung die Seele sich erst bereitet, herauszieht aus demjenigen, was weltgeschichtlich ist und den einzelnen Völkern angehört. Und nur auf die esoterische Basis des einzelnen, individuellen Menschen soll sich die Seele stellen. Dann wird sie die Schwelle übertreten, wo die Bilder des Neuen Testamentes aufgestellt sind. Auch in diesem Raum findet sich nicht das ganze Neue Testament, sondern nur die Szenen bis zum Abendmahl. Wilhelm fragt: «Habt ihr denn auch, so wie ihr das Leben dieses göttlichen Mannes als Lehr-

und Musterbild aufstellt, sein Leiden, seinen Tod, gleichfalls als ein Vorbild erhabener Duldung herausgehoben?» Darauf erhält er eine bedeutungsvolle Antwort, eine Antwort, aus der zu entnehmen ist, mit welchen Schauern man empfinden kann das Allerheiligste, das vorgegangen ist auf Erden mit dem Wesen, das Wohnung genommen hat in einem Leibe, dessen Geburt wir in der Winterweihenacht feiern. Gleichsam in das nächste Esoterische soll Wilhelm geführt werden, um die Bilder bis zum Abendmahl zu sehen. Aber dann kommt das Esoterischste, und das wird mit heiligen Schauern also ausgesprochen: «Wir ziehen einen Schleier über diese Leiden, eben weil wir sie so hoch verehren. Wir halten es für eine verdammungswürdige Frechheit, jenes Martergerüst und den daran leidenden Heiligen dem Anblick der Sonne auszusetzen...»

So konnte man esoterisch fühlen im 18. Jahrhundert. Es war gut, so esoterisch zu fühlen, denn wir können durchaus gerade von unserem Gesichtspunkt aus zugeben, daß in einer gewissen Weise die bildlichen Darstellungen gerade des Leidens, wenn sie nicht von den höchsten, von den wirklich bedeutendsten Künstlern gegeben sind, das heilige Mysterium von Golgatha zu den Menschen herabgezogen haben. Und wir können die Empfindung verstehen, daß ein tiefer Erfühler des Mysteriums von Golgatha in der damaligen Zeit nicht schauen wollte alle die Zerrbilder, die man vielfach gemacht hat von diesem heiligen Mysterium, sondern einen Schleier über all das gezogen haben wollte, weil er fühlte, daß nur der Seele innigste, heiligste Kräfte übersinnlich verbunden sein wollen mit demjenigen, was sich anschließt an die Geheimnisse des heiligen Abendmahls.

Aber welche Empfindung ist denn im Grunde genommen in allem darinnen? Was dürfen wir dann gerade empfinden, wenn wir ein solches Gefühl beim esoterischen Seelenerleben begreifen wollen? Das müssen wir begreifen, daß Sehnsucht in den Menschenherzen war, als so etwas geschaut wurde: Sehnsucht war in dem menschlichen Herzen nach einer Auffassung, einer Anschauung des Christus-Mysteriums, die größer ist als diejenige, die man damals haben konnte. In aller Demut, in einer noch viel größeren Demut als den andern Dingen der Geisteswissenschaft gegenüber, dürfen wir uns heute gestehen, ja, wahrhaftig gestehen: nach demjenigen, was als Christus-Erkenntnis uns werden soll durch die Geheimwissenschaft, lechzen sehnsüchtig die besten Seelen seit langer, langer Zeit.

Heute dürfen wir uns sagen: Was man vorher nur in anderer Form wissen konnte, es wird geschaut werden von den Seelen, wenn bald die Zeit erfüllt wird sein! Das Bewußtsein davon, daß einstmals solche Erkenntnis das menschliche Herz wird durchzucken können, und die Sehnsucht darnach, sie lebte als Lebensrätsel in den besten der Seelen. Eine Christus-Erkenntnis ist es, nach der die Menschen trachteten, die dem Großen, das geschehen ist auf Golgatha, angemessen ist und die man ins Auge fassen darf, ins Seelenauge auch dann, wenn die Schleier hinweggezogen werden. Für einige Freunde habe ich es gestern ausgeführt, wie in einer gewissen Weise die Christus-Erkenntnis zurückgehen mußte, wie in den ersten Zeiten der Entwickelung des Christentums diese Christus-Erkenntnis, noch befruchtet von dem alten Hellsehen, aufgenommen worden ist, und wie dieses später nach und nach abgeflaut ist. Und ein altes gnostisches Gedichtchen las ich gestern unseren Freunden vor, das ich auch hier vorbringen möchte, um so recht darauf hinzuweisen, wie gegenüber der alten atavistischen, hellseherischen Erkenntnis ein Bewußtsein hier vorhanden war: Der Christus, den wir anschauen, wenn wir ihn durch das Weihnachtskind in die Welt kommen sehen, der Christus ist ein Weltenwesen, das immer mehr wächst, in je höhere geistige Sphären wir den Seelenblick wenden – denn durch diese Sphären steigt er herunter. Deshalb mußte eine abgelebte Menschheit einen Schleier ziehen vor dieses Ereignis, weil sie noch nicht imstande war, darauf hinzuweisen, wie in dem Geheimnis des Kindes, das jedes Kind im Gefühl versteht, zugleich die höchste Weisheit liegt. In diesem Kind war geboren ein Wesen, das durch die Welten ging, bevor es auf der Erde erschien.

Jesus sprach:

> Sieh hin, o Vater,
> Wie dies Wesen auf der Erde,

– gemeint ist die menschliche Seele –

> Aller Übel Ziel und Opfer,
> Fern von deinem Hauche irrt.

Sieh, das bittre Chaos flieht es,
Ratlos, wie's hindurch soll finden.

Im Zwiegespräch mit dem göttlichen Vaterwesen wird Jesus vorgeführt, wie er durch die Weltensphären den Weg herunter nimmt, wie er hinschaut auf die im Chaos irrende, aber zu ihm sich sehnende Menschenseele, der er das Heil bringen will. Und also spricht Christus weiter zum Vater:

Darum sende mich, o Vater!
Siegeltragend steig ich abwärts,

– die Himmelssiegel tragend –

Der Äonen Zahl durchschreit ich...

In den geistigen Sphären sind übereinander geschichtet die geistigen Welten, und je höher wir hinaufsteigen, desto mehr finden wir, daß die älteren Welten gegenwärtig noch leben; das, was das Älteste war, ist zu gleicher Zeit heute in den höchsten Sphären zu finden. Was einst mit der Saturnentwickelung verbunden war, finden wir heute in den höchsten geistigen Sphären, und insofern man mit der Zeitentwickelung zusammenbringt diese Aufeinanderfolge der geistigen Sphären, werden sie Äonen genannt.

Der Äonen Zahl durchschreit ich,
Jede heilge Kunde deut ich,
Zeige dann der Götter Bildnis.
Und so schenk ich euch
Des heiligen Weges
Tief verborgne Kunde:
«Gnosis» heißt sie nun für euch.

Verlorengegangen bis zu einem gewissen Grad ist der Menschheit das Bewußtsein dieses kosmischen Christus. Es mußte verlorengehen, weil das alte Hellsehen hinschwinden mußte, eine Zwischenzeit kommen mußte, gleichsam ein geistloser Äon, damit wieder entstehen kann eine neue Art des hellseherischen Blickes. Der muß sich aber wieder hinaufwenden in die geistigen Welten, muß nicht bloß mit dem, was äußeres Menschenschauen ist, das Wesen charakterisieren, das durch die Winterweihenacht hereintritt in die Menschheitsentwikkelung, sondern verfolgen, wie dieses Wesen von Himmelssphäre zu Himmelssphäre steigt, heruntersteigt auf die Erde und der Erde Sinn gibt, ja, der Erde Sinn gibt.

Sieh hin, o Vater,
Wie dies Wesen auf der Erde,
Aller Übel Ziel und Opfer,
Fern von deinem Hauche irrt.
Sieh, das bitt're Chaos flieht es,
Ratlos, wie's hindurch soll finden.
Darum sende mich, o Vater!
Siegeltragend steig ich abwärts,
Der Äonen Zahl durchschreit ich,
Jede heilge Kunde deut ich,
Zeige dann der Götter Bildnis.
Und so schenk ich euch
Des heiligen Weges
Tief verborgne Kunde:
«Gnosis» heißt sie nun für euch.

Als was erscheint uns denn eigentlich diese Erde, insofern sie um uns herum ist, wenn wir sie in ihrem wahren Sein betrachten? Werdet Ihr jemals sagen: Dies ist ein Mensch –, wenn man Euch einen solchen Leichnam heranbringt, dessen Seele in geistigen Welten außerhalb des Leichnams bereits wohnt? Werdet Ihr jemals sagen: Dies ist im vollen Sinne des Wortes noch ein Mensch? – Gerade die höheren Glieder der Menschennatur sind nicht mehr in dem entseelten Leichnam. In dem Falle aber, in dem ein entseelter Leichnam ist, ist nach und nach die Erde seit der Mitte der atlantischen Zeit in der Entwikkelung. Die Erde um uns herum, trotz aller ihrer Schönheiten, ist seit Mitte der atlantischen Zeit Leichnam werdend, und sie wird immer mehr und mehr Leichnam. Und indem man hinausgeht und vor den gigantischen Felsen steht, sagt man sich am besten: Das ist das Skelett, das die Erde herangestaltet von der Mitte der atlantischen Zeit an! – Und indem Ihr, was die Felsen bedeckt, als Erde ins Auge faßt, seht Ihr die absterbenden Teile des eigentlichen Erdenorganismus, der nur bis zur Mitte der atlantischen Zeit lebend war. Sogar die Geologie ist sich schon klar darüber, daß, indem wir über die Erde schreiten oder den Pflug durch die Erdscholle führen, wir über den Erdenleichnam schreiten oder den Pflug durch den Leichnam führen. Sogar unsere Geologen haben es schon ausgesprochen, und die äußere Wissenschaft selbst, wenn sie anfängt zu denken, kann nicht anders, als solche Dinge anzuerkennen. So stehen wir im Grunde genommen, indem wir von der Erde umgeben sind, dem Tode gegenüber, und wir schauen zu, wie unser Erdenball nach und nach abstirbt.

Und nun denken wir uns, das Mysterium von Golgatha hätte sich nicht vollzogen, diejenige kosmische Wesenheit, die wir die Christus-Wesenheit nennen, wäre niemals durch die Jesusknaben in die Erdenentwickelung hereingekommen – dann wäre es nichts mit der Erdenentwickelung; sie wäre ein Sterben heute schon. So aber ist die Christus-Wesenheit durch die beiden Jesuskinder gegangen und dann durch den einen Jesusknaben, in dreijähriger Erdenzeit, durch das Mysterium von Golgatha gegangen, und die Erde bekam einen neuen Keim der Lebendigkeit. Und nicht wird die Erde, wenn die Zeit einst erfüllt ist, verbleiben im Weltenraum, und die Seele – Ahriman und Luzifer verfallen! Nein, das würde geschehen, wenn der Christus nicht als lebendiger Keim in die Erde hineingekommen wäre. Aber da er hineingekommen ist, wird die Erde nicht in Erdenstaub verfallen, die Seele nicht bloß dem Luzifer und Ahriman verfallen, denn ein neues Leben ist mit dem Christus-Keim in die Erdenentwickelung hineingekommen. So wie die Erde sich einstmals abgespalten hat von der Sonne und ein Sohn der Sonne geworden ist, so wird dadurch, daß der Christus der Erdenentwickelung einen Sinn gegeben hat, die Erde durchdrungen von diesem sinnvollen Wesen zu neuer Entwickelung.

So sehen wir hinein durch die Geisteswissenschaft in das Mysterium von Golgatha, so stehen wir erschauernd in der heutigen Zeit und fühlen uns berufen, erst dadurch, daß wir aufweisen diejenigen Gebiete, in die das sinnliche Schauen nicht mehr reicht, den Schleier heben zu dürfen, weil wir nicht wollen hinter diesem Schleier nur dasjenige schauen, was ja schauen mußte eine Zeit, die ihrer Aufgabe nach sich nach dem Materialismus hin entwickelt hat.

Daher beginnt in unserer Zeit wiederum die Möglichkeit, daß diejenigen, die ihre Seele erfüllt wissen von geisteswissenschaftlichen Impulsen, zum Christus hinaufschauen als zu einem kosmischen Wesen. Dadurch wird wahrhaftig nicht – es muß das immer wiederum gesagt werden – verkleinert die unendliche Hingabe, die wir haben können für das Kind der Weihnachtsweihezeit. Das einfache christliche Empfinden wird dadurch nicht vermindert. Es wird vertieft, wenn wir also den Christus empfinden können, wie unser lieber Freund *Christian Morgenstern* ihn empfand, als ein Gedicht aus seiner Seele erblühte, das uns erscheinen kann wie ein Wiederauferstehen uralt heiliger gnostischer Ideen, in denen zu gleicher Zeit die Christus-Liebe waltete und die kosmische Weisheit tätig war. Und so feiern wir ein neues Weihnachten, indem in der finsteren Nacht des Materialismus wieder Stimmen ertönen, die nicht die der alten Gnostiker sind, aber die befruchtet sind von demjenigen Sinn, der hingerichtet ist nach der lebendigen kosmischen Christus-Wesenheit.

Licht ist Liebe ... Sonnen-Weben
Liebes-Strahlung einer Welt
schöpferischer Wesenheiten –

die durch unerhörte Zeiten
uns an ihrem Herzen hält,
und die uns zuletzt gegeben

ihren höchsten Geist in eines
Menschen Hülle während dreier
Jahre: da Er kam in Seines

Vaters Erbteil – nun der Erde
innerlichstes Himmelsfeuer:
daß auch sie einst Sonne werde.

Wird Christus tausendmal zu Bethlehem geboren,
Und nicht in dir, du bleibst noch ewiglich verloren.

Lassen wir in unsere Seele einziehen das innerliche Winterweihnachtsfest, lassen wir unsere Seelen erfühlen, wie geboren werden muß in unserer Zeit eine neue Christus-Erkenntnis. Diese Christus-Erkenntnis, welcher Art ist sie denn? Sie knüpft dasjenige, was des Menschen Intimstes ist und gleichsam sein ganzes Wesen zusammenzieht, an das Allereinfachste: sie knüpft das Kindesleben, noch nicht das voll entwickelte Menschenleben, an das höchste kosmische Sein und Werden. Wir fühlen, indem wir hinschauen zum Christus-Kind, dessen wir in der Winterweihenacht gedenken, die mächtigste Winterweihe vor unserem Seelenblick stehen, die durch alle Äonen reicht, und wir verbinden alles Weltenwerden, wohin wir auch schauen, mit allem Menschlichen, mit dem tiefsten Menschlichen.

So fühlt derjenige, der sein Gefühl entnimmt aus unserer Geisteswissenschaft, wie der Sieg über allen Tod erworben wird durch die Vereinigung der Seele mit der Christus-Wesenheit in unserer Zeit – worauf ich heute bei einer uns tief erschütternden Gelegenheit an dem Grabe des durch den Krieg uns entrissenen Freundes hindeutete. Aber so lange konnte man nicht erfühlen, wie das höchste Kosmische mit dem intimsten Menschlichen zusammenhängt, als man nicht die Geschichte in ihrem innersten Extrakte schauen konnte in dem Geheimnis von Bethlehem. Das aber *wird* dem Menschen, wenn er sich das Mysterium von den beiden Jesusknaben vor Augen führt. Da haben wir die Kraft des in der vorchristlichen Zeit weisesten Menschen, des Zarathustra, in dem einen Jesusknaben. Das, was von der einen Seite herabströmt an menschlicher Entwickelung, wir haben es in dem einen Jesusknaben. Wir haben des andern Aura durchhellt und durchleuchtet von dem, was von Buddha ausgegangen ist. Und wir haben das äußere leibliche Leben, abstammend aus den edelsten Säften des althebräischen Volkes, und wir haben das, was des Lukas-Jesusknaben Seelisches ausmacht, hinaufgeleitet bis zum Erdenursprung. Denn wir wissen, daß das, was das tiefste Seelische des Lukas-Jesusknaben war, zurückgeblieben ist, als der Mensch in der alten lemurischen Zeit die

Erde betreten hat, und daß es durch die heiligen Mysterien aufbewahrt worden ist und dann hingeleitet wurde, als der Lukas-Jesusknabe geboren wurde, zu dem Leib, der da geboren wurde. Daher jenes eigentümliche Sprechen des Lukas-Jesusknaben unmittelbar nach der Geburt, das nur die Mutter verstehen konnte, das keiner Sprache glich, das auch der Knabe sogleich verlernte, als Erdenbewußtsein in ihm auftauchte. Aber es war ein Aussprechen eines Geheimnisses unmittelbar nach der Geburt. Im Grunde genommen ist vieles von dem, was wir über das Christus-Mysterium zu enthüllen haben, eine Auslegung dessen, was der Lukas-Jesusknabe unmittelbar nach seiner Geburt gesprochen hat.

So haben wir durch unsere Geisteswissenschaft den Christus-Impuls ganz heraus aus dem tieferen Menschenwerden begriffen, jenem Menschenwerden der alten vorchristlichen Zeiten, wo gewissermaßen auch die Unterschiede wieder aufhören, die Eingeweihten wieder sprechen. Wenn man einmal begriffen haben wird, was alles in die Menschheitsentwickelung eingetreten ist mit dem Mysterium von Golgatha, dann wird man auch die Möglichkeit finden, überall, wo Menschenwerden ist, auch in der Geschichte, die Kräfte weiter zu fördern. Aber erst muß man wissen, wer der Christus wirklich war, bevor man zum Beispiel auch in der Geschichte von ihm sprechen kann.

Dann aber, wenn sich innerhalb unserer geistigen Strömung Seelen finden, immer mehr und mehr Seelen, die da suchen den Impuls, innerlich zu entzünden das Licht, das entzündet werden kann, wenn wir hinuntersteigen in die tiefsten Seelenkräfte, die heute der Mensch nach dem Mysterium von Golgatha haben kann, dann wird sich zeigen, daß durch solches Hinuntersteigen wirklich das Christus-Licht in jeder einzelnen Seele angezündet wird. Dieses Christus-Licht, das wird zum Baume, zum Weihnachtsbaume, der da leuchten wird in allem menschlichen Zukunftswerden so, daß erreicht werden muß das, wohin die Seele schaut in der wiederbelebten Erde, so daß sie im Leben dieser wiederbelebten Erde allüberall den Christus findet. Das wird sie. Und so ernst genommen kann die Christus-Botschaft der Geisteswissenschaft werden, daß bei den Bekennern dieser Geisteswissenschaft wirklich in jeder einzelnen Seele einmal jenes Weihnachtsfest gefeiert wird, welches darstellt die Geburt jener Christus-Erkenntnis, die von dem Christus selbst kommt, die also eine wahre Christus-Geburt, eine Geburt des Christus in uns ist. Sie muß aber eintreten, diese Christus-Geburt in uns.

Wahr, wahr ist das Wort:

> Wird Christus tausendmal zu Bethlehem geboren
> Und nicht in dir, du bleibst noch ewiglich verloren.

Und fügen wir hinzu zu diesem wunderschönen Ausspruch des Mystikers Angelus Silesius: Darum wollen wir uns ewiglich finden, indem wir ewig suchen nach dem Erlebnis der Winterweihenacht, nach der Geburt des Christus in den Tiefen unserer Seele!

AUS GOETHES «PÄDAGOGISCHE PROVINZ»

(Wilhelm Meisters Wanderjahre)

Die drei Ehrfurchten

Die Wallfahrenden hatten nach Vorschrift den Weg genommen und fanden glücklich die Grenze der Provinz, in der sie so manches Merkwürdige erfahren sollten; beim ersten Eintritt gewahrten sie sogleich der fruchtbarsten Gegend, welche an sanften Hügeln den Feldbau, auf höhern Bergen die Schafzucht, in weiten Talflächen die Viehzucht begünstigte. Es war kurz vor der Ernte und alles in größter Fülle; das was sie jedoch gleich in Verwunderung setzte, war, daß sie weder Frauen noch Männer, wohl aber durchaus Knaben und Jünglinge beschäftigt sahen auf eine glückliche Ernte sich vorzubereiten, ja auch schon auf ein fröhliches Erntefest freundliche Anstalt zu treffen. Sie begrüßten einen und den andern und fragten nach dem Obern, von dessen Aufenthalt man keine Rechenschaft geben konnte. Die Adresse ihres Briefs lautete: an den Obern, oder die Dreie. Auch hierin konnten sich die Knaben nicht finden; man wies die Fragenden jedoch an einen Aufseher, der eben das Pferd zu besteigen sich bereitete; sie eröffneten ihre Zwecke; des Felix' Freimütigkeit schien ihm zu gefallen und so ritten sie zusammen die Straße hin.

Schon hatte Wilhelm bemerkt, daß in Schnitt und Farbe der Kleider eine Mannigfaltigkeit obwaltete, die der ganzen kleinen Völkerschaft ein sonderbares Ansehn gab; eben war er im Begriff seinen Begleiter hiernach zu fragen, als noch eine wundersamere Bemerkung sich ihm auftat: alle Kinder, sie mochten beschäftigt sein wie sie wollten, ließen ihre Arbeit liegen und wendeten sich mit besondern, aber verschiedenen Gebärden gegen die Vorbeireitenden, und es war leicht zu folgern, daß es dem Vorgesetzten galt. Die jüngsten legten die Arme kreuzweis über die Brust und blickten fröhlich gen Himmel, die mittlern hielten die Arme auf den Rücken und schauten lächelnd zur Erde, die dritten standen strack und mutig; die Arme niedergesenkt, wendeten sie den Kopf nach der rechten Seite und stellten sich in eine Reihe, anstatt daß jene vereinzelt blieben wo man sie traf.

Als man darauf Halt machte und abstieg, wo eben mehrere Kinder nach verschiedener Weise sich aufstellten und von dem Vorgesetzten gemustert wurden, fragte Wilhelm nach der Bedeutung dieser Gebärden; Felix fiel ein und sagte munter: Was für eine Stellung hab' ich denn anzunehmen? – Auf alle Fälle, versetzte der Aufseher, zuerst die Arme über die Brust und ernsthaft-froh nach oben gesehen, ohne den Blick zu verwenden. Er gehorchte, doch rief er bald: Dies gefällt mir nicht sonderlich, ich sehe ja nichts da droben; dauert es lange? Doch ja! rief er freudig, ein paar Habichte fliegen von Westen nach Osten; das ist wohl ein gutes Zeichen? – Wienach du's aufnimmst, je nachdem du dich beträgst, versetzte jener; jetzt mische dich unter sie, wie sie sich mischen. Er gab ein Zeichen, die Kinder verließen ihre Stellung, ergriffen ihre Beschäftigung, oder spielten wie vorher.

Mögen und können Sie mir, sagte Wilhelm darauf, das was mich hier in Verwunderung setzt, erklären? Ich sehe wohl, daß diese Gebärden, diese Stellungen Grüße sind, womit man Sie empfängt. – Ganz richtig, versetzte jener, Grüße, die mir sogleich andeuten, auf welcher Stufe der Bildung ein jeder dieser Knaben steht.

Dürfen Sie mir aber, versetzte Wilhelm, die Bedeutung des Stufengangs wohl erklären? denn daß es einer sei, läßt sich wohl einsehen. – Dies gebührt Höheren, als ich bin, antwortete jener; soviel aber kann ich versichern, daß es nicht leere Grimassen sind, daß vielmehr den Kindern, zwar nicht die höchste, aber doch eine leitende, faßliche Bedeutung überliefert wird; zugleich aber ist jedem geboten für sich zu behalten und zu hegen was man ihm als Bescheid zu erteilen für gut findet; sie dürfen weder mit Fremden noch untereinander selbst darüber schwatzen, und so modifiziert sich die Lehre hundertfältig. Außerdem hat das Geheimnis sehr große Vorteile: denn wenn man dem Menschen gleich und immer sagt, worauf alles ankommt, so denkt er, es sei nichts dahinter. Gewissen Geheimnissen, und wenn sie offenbar wären, muß man durch Verhüllen und Schweigen Achtung erweisen, denn dieses wirkt auf Scham und gute Sitten. – Ich verstehe Sie, versetzte Wilhelm, warum sollten wir das was in körperlichen Dingen so nötig ist, nicht auch geistig anwenden? Vielleicht aber können Sie in einem andern Bezug meine Neugierde befriedigen. Die große Mannigfaltigkeit in Schnitt und Farbe der Kleider fällt mir auf, und doch seh' ich nicht alle Farben, aber einige in allen ihren Abstufungen, vom Hellsten bis zum Dunkelsten. Doch bemerke ich, daß hier keine Bezeichnung der Stufen irgend eines Alters oder Verdienstes gemeint sein kann, indem die größten und kleinsten Knaben untermischt so an Schnitt als Farbe gleich sein können, aber die von gleichen Gebärden im Gewand nicht miteinander übereinstimmen. – Auch was dies betrifft, versetzte der Begleitende, darf ich mich nicht weiter auslassen; doch müßte ich sehr irren, oder Sie werden über alles, wie Sie nur wünschen mögen, aufgeklärt von uns scheiden.

Man verfolgte nunmehr die Spur des Obern, welche man gefunden zu haben glaubte; nun aber mußte dem Fremdling notwendig auffallen, daß, je weiter sie ins Land kamen, ein wohllautender Gesang ihnen immer mehr entgegen tönte. Was die Knaben auch begannen, bei welcher Arbeit man sie fand, immer sangen sie, und zwar schienen es Lieder jedem Geschäft besonders angemessen und in gleichen Fällen überall dieselben. Traten mehrere Kinder zusammen, so begleiteten sie sich wechselsweise; gegen Abend fanden sich auch Tanzende, deren Schritte durch Chöre belebt und geregelt wurden. Felix stimmte vom Pferde herab mit ein und zwar nicht ganz unglücklich, Wilhelm vergnügte sich an dieser die Gegend belebenden Unterhaltung.

Wahrscheinlich, so sprach er zu seinem Gefährten, wendet man viele Sorgfalt auf solchen Unterricht, denn sonst könnte diese Geschicklickeit nicht so weit ausgebreitet und so vollkommen ausgebildet sein. – Allerdings, versetzte jener, bei uns ist der Gesang die erste Stufe der Bildung, alles andere schließt sich daran und wird dadurch vermittelt. Der einfachste Genuß, so wie die einfachste Lehre werden bei uns durch Gesang belebt und eingeprägt, ja selbst was wir überliefern von Glaubens- und Sittenbekenntnis, wird auf dem Wege des Gesanges mitgeteilt; andere Vorteile zu selbsttätigen Zwecken verschwistern sich sogleich: denn indem wir die Kinder üben, Töne, welche sie hervorbringen, mit Zeichen auf die Tafel schreiben zu lernen und nach Anlaß dieser Zeichen sodann in ihrer Kehle wieder zu finden, ferner den Text darunter zu fügen, so üben sie zugleich Hand, Ohr und Auge und gelangen schneller zum Recht- und Schönschreiben als man denkt, und da dieses alles zuletzt nach reinen Maßen, nach genau bestimmten Zahlen ausgeübt und nachgebildet werden muß, so fassen sie den hohen Wert der Meß- und Rechenkunst viel geschwinder als auf jede andere Weise. Deshalb haben wir denn unter allem Denkbaren die Musik zum Element unserer Erziehung gewählt, denn von ihr laufen gleichgebahnte Wege nach allen Seiten.

Wilhelm suchte sich noch weiter zu unterrichten und verbarg seine Verwunderung nicht, daß er gar keine Instrumental-Musik vernehme. Diese wird bei uns nicht vernachlässigt, versetzte jener, aber in einem besondern Bezirk, in das anmutigste Bergtal, eingeschlossen geübt; und da ist denn wieder dafür gesorgt, daß die verschiedenen Instrumente in auseinanderliegenden Ortschaften gelehrt werden. Besonders die Mißtöne der Anfänger sind in gewisse Einsiedeleien verwiesen, wo sie niemand zur Verzweiflung bringen: denn ihr werdet selbst gestehen, daß in der wohleingerichteten bürgerlichen Gesellschaft kaum ein trauriger Leiden zu dulden sei, als das uns die Nachbarschaft eines angehenden Flöten- oder Violinspielers aufdringt.

Unsere Anfänger gehen, aus eigener löblicher Gesinnung niemand lästig sein zu wollen, freiwillig länger oder kürzer in die Wüste, und beeifern sich, abgesondert, um das Verdienst, der bewohnten Welt näher treten zu dürfen, weshalb jedem von Zeit zu Zeit ein Versuch heranzutreten erlaubt wird, der selten mißlingt, weil wir Scham und Scheu bei dieser wie bei unsern übrigen Einrichtungen gar wohl hegen und pflegen dürfen. Daß eurem Sohn eine glückliche Stimme geworden, freut mich innigst, für das Übrige sorgt sich um desto leichter.

Nun waren sie zu einem Ort gelangt wo Felix verweilen und sich an der Umgebung prüfen sollte, bis man zur förmlichen Aufnahme geneigt wäre; schon von weitem hörten sie einen freudigen Gesang; es war ein Spiel woran sich die Knaben in der Feierstunde diesmal ergötzten. Ein allgemeiner Chorgesang erscholl, wozu jedes Glied eines weiten Kreises freudig, klar und tüchtig an seinem Teile zustimmte, den Winken des Regelnden gehorchend. Dieser überraschte jedoch öfters die Singenden, indem er durch ein Zeichen den Chorgesang aufhob und irgend einen einzelnen Teilnehmenden, ihn mit dem Stäbchen berührend, aufforderte sogleich allein ein schickliches Lied dem verhallenden Ton, dem vorschwebenden Sinne anzupassen. Schon zeigten die meisten viel Gewandtheit, einige, denen das Kunststück mißlang, gaben ihr Pfand willig hin, ohne gerade ausgelacht zu werden. Felix war Kind genug sich gleich unter sie zu mischen und zog sich noch so leidlich aus der Sache. Sodann ward ihm jener erste Gruß zugeeignet; er legte sogleich die Hände auf die Brust, blickte aufwärts, und zwar mit so schnackischer Miene, daß man wohl bemerken konnte, ein geheimer Sinn dabei sei ihm noch nicht aufgegangen.

Der angenehme Ort, die gute Aufnahme, die muntern Gespielen, alles gefiel dem Knaben so wohl, daß es ihm nicht sonderlich wehe tat seinen Vater abreisen zu sehen; fast blickte er dem weggeführten Pferde schmerzlicher nach; doch ließ er sich bedeuten, da er vernahm, daß er es im gegenwärtigen Bezirk nicht behalten könne; man versprach ihm dagegen, er solle wo nicht dasselbe doch ein gleiches, munter und wohlgezogen, unerwartet wiederfinden.

Da sich der Obere nicht erreichen ließ, sagte der Aufseher: Ich muß euch nun verlassen, meine Geschäfte zu verfolgen; doch will ich euch zu den Dreien bringen, die unsern Heiligtümern vorstehen, euer Brief ist auch an sie gerichtet und sie zusammen stellen den Obern vor. Wilhelm hätte gewünscht von den Heiligtümern im voraus zu vernehmen, jener aber versetzte: Die Dreie werden euch, zu Erwiderung des Vertrauens, daß ihr uns euren Sohn überlaßt, nach Weisheit und Billigkeit, gewiß das Nötigste eröffnen. Die sichtbaren Gegenstände der Verehrung, die ich Heiligtümer nannte, sind in einen besondern Bezirk eingeschlossen, werden mit nichts gemischt, durch nichts gestört; nur zu gewissen Zeiten des Jahrs läßt man die Zöglinge, den Stufen ihrer Bildung gemäß, dort eintreten, um sie historisch und sinnlich zu belehren, da sie denn genugsamen Eindruck mit wegnehmen, um, bei Ausübung ihrer Pflicht, eine Zeit lang daran zu zehren.

Nun stand Wilhelm am Tor eines mit hohen Mauern umgebenen

Talwaldes; auf ein gewisses Zeichen eröffnete sich die kleine Pforte, und ein ernster, ansehnlicher Mann empfing unsern Freund. Dieser fand sich in einem großen, herrlich grünenden Raum, von Bäumen und Büschen vielerlei Art beschattet, kaum daß er stattliche Mauern und ansehnliche Gebäude durch diese dichte und hohe Naturpflanzung hindurch bemerken konnte; ein freundlicher Empfang von den Dreien, die sich nach und nach herbeifanden, löste sich endlich in ein Gespräch auf, wozu jeder das Seinige beitrug, dessen Inhalt wir jedoch in der Kürze zusammenfassen.

Da ihr uns euren Sohn vertraut, sagten sie, sind wir schuldig euch tiefer in unser Verfahren hineinblicken zu lassen. Ihr habt manches Äußerliche gesehen, welches nicht sogleich sein Verständnis mit sich führt; was davon wünscht ihr vor allem aufgeschlossen?

Anständige, doch seltsame Gebärden-Grüße hab' ich bemerkt, deren Bedeutung ich zu erfahren wünschte; bei euch bezieht sich gewiß das Äußere auf's Innere, und umgekehrt; laßt mich diesen Bezug erfahren.

Wohlgeborne, gesunde Kinder, versetzten jene, bringen viel mit; die Natur hat jedem alles gegeben, was er für Zeit und Dauer nötig hätte, dieses zu entwickeln ist unsere Pflicht, öfters entwickelt sich's besser von selbst. Aber eins bringt niemand mit auf die Welt, und doch ist es das, worauf alles ankommt, damit der Mensch nach allen Seiten zu ein Mensch sei. Könnt ihr es selbst finden, so sprecht es aus. Wilhelm bedachte sich eine kurze Zeit und schüttelte sodann den Kopf.

Jene, nach einem anständigen Zaudern, riefen: *Ehrfurcht!* Wilhelm stutzte. – Ehrfurcht! hieß es wiederholt. Allen fehlt sie, vielleicht euch selbst.

Dreierlei Gebärde habt ihr gesehen, und wir überliefern eine dreifache Ehrfurcht, die, wenn sie zusammenfließt und ein Ganzes bildet, erst ihre höchste Kraft und Wirkung erreicht. Das erste ist Ehrfurcht vor dem was über uns ist. Jene Gebärde, die Arme kreuzweis über die Brust, einen freudigen Blick gen Himmel, das ist was wir unmündigen Kindern auflegen und zugleich das Zeugnis von ihnen verlangen, daß ein Gott da droben sei, der sich in Eltern, Lehrern,

Vorgesetzten abbildet und offenbart. Das zweite, Ehrfurcht vor dem was unter uns ist. Die auf den Rücken gefalteten, gleichsam gebundenen Hände, der gesenkte, lächelnde Blick sagen, daß man die Erde wohl und heiter zu betrachten habe; sie gibt Gelegenheit zur Nahrung; sie gewährt unsägliche Freuden; aber unverhältnismäßige Leiden bringt sie. Wenn einer sich körperlich beschädigte, verschuldend oder unschuldig, wenn ihn andere vorsätzlich oder zufällig verletzten, wenn das irdische Willenlose ihm ein Leid zufügte, das bedenk' er wohl: denn solche Gefahr begleitet ihn sein Leben lang. Aber aus dieser Stellung befreien wir unsern Zögling baldmöglichst, sogleich wenn wir überzeugt sind, daß die Lehre dieses Grads genugsam auf ihn gewirkt habe; dann aber heißen wir ihn sich ermannen, gegen Kameraden gewendet nach ihnen sich richten. Nun steht er strack und kühn, nicht etwa selbstisch vereinzelt; nur in Verbindung mit seines Gleichen macht er Fronte gegen die Welt. Weiter wüßten wir nichts hinzuzufügen.

Es leuchtet mir ein! versetzte Wilhelm; deswegen liegt die Menge wohl so im Argen, weil sie sich nur im Element des Mißwollens und Mißredens behagt; wer sich diesem überliefert, verhält sich gar bald gegen Gott gleichgültig, verachtend gegen die Welt, gegen seines Gleichen gehässig; das wahre, echte, unentbehrliche Selbstgefühl aber zerstört sich in Dünkel und Anmaßung. Erlauben Sie mir dessen ungeachtet, fuhr Wilhelm fort, ein Einziges einzuwenden: Hat man nicht von jeher die Furcht roher Völker vor mächtigen Naturerscheinungen, und sonst unerklärlichen, ahnungsvollen Ereignissen für den Keim gehalten, woraus ein höheres Gefühl, eine reinere Gesinnung sich stufenweise entwickeln sollte? –

Hierauf erwiderten jene: Der Natur ist Furcht wohl gemäß, Ehrfurcht aber nicht; man fürchtet ein bekanntes, oder unbekanntes mächtiges Wesen, der Starke sucht es zu bekämpfen, der Schwache zu vermeiden, beide wünschen es los zu werden und fühlen sich glücklich, wenn sie es auf kurze Zeit beseitigt haben, wenn ihre Natur sich zur Freiheit und Unabhängigkeit einigermaßen wieder herstellte. Der natürliche Mensch wiederholt diese Operation millionenmal in seinem Leben, von der Furcht strebt er zur Freiheit, aus der Freiheit wird er in die Furcht getrieben und kommt um nichts weiter. Sich zu fürchten ist leicht, aber beschwerlich; Ehrfurcht zu hegen ist schwer, aber bequem. Ungern entschließt sich der Mensch zur Ehrfurcht, oder vielmehr entschließt sich nie dazu; es ist ein höherer Sinn, der seiner Natur gegeben werden muß, und der sich nur bei besonders Begünstigten aus sich selbst entwickelt, die man auch deswegen von jeher für Heilige, für Götter gehalten. Hier liegt die Würde, hier das Geschäft aller echten Religionen, deren es auch nur dreie gibt nach den Objekten, gegen welche sie ihre Andacht wenden.

Die Männer hielten inne, Wilhelm schwieg eine Weile nachdenkend; da er in sich aber die Anmaßung nicht fühlte den Sinn jener sonderbaren Worte zu deuten, so bat er die Würdigen in ihrem Vortrage fortzufahren, worin sie ihm denn auch sogleich willfahrten. Keine Religion, sagten sie, die sich auf Furcht gründet, wird unter uns geachtet. Bei der Ehrfurcht, die der Mensch in sich walten läßt, kann er, indem er Ehre gibt, seine Ehre behalten, er ist nicht mit sich selbst veruneint wie in jenem Falle. Die Religion, welche auf Ehrfurcht vor dem was über uns ist, beruht, nennen wir die ethnische, es ist die Religion der Völker und die erste glückliche Ablösung von einer niedern Furcht; alle sogenannten heidnischen Religionen sind von dieser Art, sie mögen übrigens Namen haben wie sie wollen. Die zweite Religion, die sich auf jene Ehrfurcht gründet, die wir vor dem haben was uns gleich ist, nennen wir die philosophische: denn der Philosoph, der sich in die Mitte stellt, muß alles Höhere zu sich herab, alles Niedere zu sich herauf ziehen und nur in diesem Mittelzustand verdient er den Namen des Weisen. Indem er nun das Verhältnis zu seines Gleichen und also zur ganzen Menschheit, das Verhältnis zu allen übrigen irdischen Umgebungen, notwendigen und zufälligen, durchschaut, lebt er im kosmischen Sinne allein in der Wahrheit. Nun ist aber von der dritten Religion zu sprechen, gegründet auf die Ehrfurcht vor dem was unter uns ist; wir nennen sie die christliche, weil sich in ihr eine solche Sinnesart am meisten offenbart; es ist ein Letztes, wozu die Menschheit gelangen konnte und mußte. Aber was gehörte dazu, die Erde nicht allein unter sich liegen zu lassen und sich auf einen höhern Geburtsort zu berufen, sondern auch Niedrigkeit und Armut, Spott und Verachtung, Schmach und Elend, Leiden und Tod als göttlich anzuerkennen, ja Sünde selbst und Verbrechen nicht als Hindernisse, sondern als Fördernisse des Heiligen zu verehren und liebzugewinnen. Hievon finden sich freilich Spuren durch alle Zeiten, aber Spur ist nicht Ziel, und da dieses einmal erreicht ist, so kann die Menschheit nicht wieder zurück, und man darf sagen, daß die christliche Religion, da sie einmal erschienen ist, nicht wieder verschwinden kann, da sie sich einmal göttlich verkörpert hat, nicht wieder aufgelöst werden mag.

Zu welcher von diesen Religionen bekennt ihr euch denn insbesondere? sagte Wilhelm. – Zu allen dreien, erwiderten jene: denn sie zusammen bringen eigentlich die wahre Religion hervor; aus diesen drei Ehrfurchten entspringt die oberste Ehrfurcht, die Ehrfurcht vor sich selbst, und jene entwickeln sich abermals aus dieser, so daß der Mensch zum Höchsten gelangt, was er zu erreichen fähig ist, daß er sich selbst für das Beste halten darf was Gott und Natur hervorgebracht haben, ja, daß er auf dieser Höhe verweilen kann, ohne durch Dünkel und Selbstheit wieder ins Gemeine gezogen zu werden.

Ein solches Bekenntnis, auf diese Weise entwickelt, befremdet mich nicht, versetzte Wilhelm, es kommt mit allem überein, was man im Leben hie und da vernimmt, nur daß euch dasjenige vereinigt was andere trennt. – Hierauf versetzten jene: Schon wird dieses Bekenntnis von einem großen Teil der Welt ausgesprochen, doch unbewußt.

Wie denn und wo? fragte Wilhelm. – Im Credo! riefen jene laut: denn der erste Artikel ist ethnisch und gehört allen Völkern; der zweite christlich, für die mit Leiden Kämpfenden und in Leiden Verherrlichten; der dritte zuletzt lehrt eine begeisterte Gemeinschaft der Heiligen, welches heißt: der im höchsten Grad Guten und Weisen. Sollten daher die drei göttlichen Personen, unter deren Gleichnis und Namen solche Überzeugungen und Verheißungen ausgesprochen sind, nicht billigermaßen für die höchste Einheit gelten?

Ich danke, versetzte jener, daß ihr mir dieses, als einem Erwachsenen, dem die drei Sinnesarten nicht fremd sind, so klar und zusammenhängend aussprechen wollen, und wenn ich nun zurückdenke, daß ihr den Kindern diese hohe Lehre erst als sinnliches Zeichen, dann mit einigem symbolischen Anklang überliefert und zuletzt die oberste Deutung ihnen entwickelt, so muß ich es höchlich billigen.

Ganz richtig, erwiderten jene, nun aber müßt ihr noch mehr erfahren, damit ihr euch überzeugt, daß euer Sohn in den besten Händen sei. Doch dies Geschäft bleibe für die Morgenstunden; ruht aus und erquickt euch, damit ihr uns, vergnügt und vollkommen menschlich, morgen früh in das Innere folgen könnt.

Die Hallen der Weltgeschichte

An der Hand des Ältesten trat nun unser Freund durch ein ansehnliches Portal in eine runde oder vielmehr achteckige Halle, die mit Gemälden so reichlich ausgeziert war, daß sie den Ankömmling in Erstaunen setzte. Er begriff leicht, daß alles was er erblickte, einen bedeutenden Sinn haben müßte, ob er sich gleich denselben nicht so geschwind entziffern konnte. Er war eben im Begriff seinen Begleiter deshalb zu befragen, als dieser ihn einlud, seitwärts in eine Galerie zu treten, die, an der einen Seite offen, einen geräumigen blumenreichen Garten umgab. Die Wand zog jedoch mehr als dieser heitre natürliche Schmuck die Augen an sich: denn sie war durchaus gemalt, und der Ankömmling konnte nicht lange daran hergehen, ohne zu bemerken, daß die heiligen Bücher der Israeliten den Stoff zu diesen Bildern geliefert hatten.

Es ist hier, sagte der Älteste, wo wir diejenige Religion überliefern, die ich euch der Kürze wegen die ethnische genannt habe. Der Gehalt derselben findet sich in der Weltgeschichte, so wie die Hülle derselben in den Begebenheiten. An der Wiederkehr der Schicksale ganzer Völker wird sie eigentlich begriffen.

Ihr habt, sagte Wilhelm, wie ich sehe, dem israelitischen Volke die Ehre erzeigt und seine Geschichte zum Grunde dieser Darstellung gelegt, oder vielmehr ihr habt sie zum Hauptgegenstande derselben gemacht. – Wie ihr seht, versetzte der Alte: denn ihr werdet bemerken, daß in den Sockeln und Friesen nicht sowohl synchronistische als symphronistische Handlungen und Begebenheiten aufgeführt sind, indem unter allen Völkern gleichbedeutende und Gleiches deutende Nachrichten vorkommen. So erblickt ihr hier, wenn in dem Hauptfelde Abraham von seinen Göttern in der Gestalt schöner Jünglinge besucht wird, den Apoll unter den Hirten Admets oben in der Friese; woraus wir lernen können, daß wenn die Götter den Menschen erscheinen, sie gewöhnlich unerkannt unter ihnen wandeln.

Die Betrachtenden schritten weiter. Wilhelm fand meistens bekannte Gegenstände, jedoch lebhafter und bedeutender vorgetragen, als er sie sonst zu sehen gewohnt war. Über weniges bat er sich einige Erklärung aus; wobei er sich nicht enthalten konnte nochmals zu fragen, warum man die israelitische Geschichte vor allen andern gewählt. Hierauf antwortete der Älteste: Unter allen heidnischen Religionen, denn eine solche ist die israelitische gleichfalls, hat diese große Vorzüge, wovon ich nur einiger erwähnen will. Vor dem ethnischen Richterstuhle, vor dem Richterstuhl des Gottes der Völker, wird nicht gefragt, ob es die beste, die vortrefflichste Nation sei, sondern nur ob sie daure, ob sie sich erhalten habe. Das israelitische Volk hat niemals viel getaugt, wie es ihm seine Anführer, Richter, Vorsteher, Propheten tausendmal vorgeworfen haben; es besitzt wenig Tugenden und die meisten Fehler anderer Völker: aber an Selbstständigkeit, Festigkeit, Tapferkeit, und wenn alles das nicht mehr gilt, an Zähheit sucht es seines Gleichen. Es ist das beharrlichste Volk der Erde, es ist, es war, es wird sein, um den Namen Jehovah durch alle Zeiten zu verherrlichen. Wir haben es daher als Musterbild aufgestellt, als Hauptbild, dem die andern nur zum Rahmen dienen.

Es ziemt sich nicht mit euch zu rechten, versetzte Wilhelm, da ihr mich zu belehren im Stande seid. Eröffnet mir daher noch die übrigen Vorteile dieses Volks, oder vielmehr seiner Geschichte, seiner Religion. Ein Hauptvorteil, versetzte jener, ist die treffliche Sammlung ihrer heiligen Bücher. Sie stehen so glücklich beisammen, daß aus den fremdesten Elementen ein täuschendes Ganze entgegentritt. Sie sind vollständig genug, um zu befriedigen, fragmentarisch genug, um anzureizen; hinlänglich barbarisch, um aufzufordern, hinlänglich zart, um zu besänftigen; und wie manche andere entgegengesetzte Eigenschaften sind an diesen Büchern, an diesem Buche zu rühmen!

Die Folge der Hauptbilder sowohl, als die Beziehungen der kleinern, die sie oben und unten begleiteten, gab dem Gast soviel zu denken, daß er kaum auf die bedeutenden Bemerkungen hörte, wodurch der Begleiter mehr seine Aufmerksamkeit abzulenken, als an die Gegenstände zu fesseln schien. Indessen sagte jener bei Gelegenheit: Noch einen Vorteil der israelitischen Religion muß ich hier erwähnen: daß sie ihren Gott in keine Gestalt verkörpert und uns also die Freiheit läßt, ihm eine würdige Menschengestalt zu geben, auch im Gegensatz die schlechte Abgötterei durch Tier- und Untiergestalten zu bezeichnen.

Unser Freund hatte sich nunmehr auf einer kurzen Wanderung durch diese Hallen die Weltgeschichte wieder vergegenwärtigt; es war ihm einiges neu in Absicht auf die Begebenheit. So waren ihm durch Zusammenstellung der Bilder, durch die Reflexionen seines Begleiters manche neue Ansichten entsprungen, und er freute sich, daß Felix durch eine so würdige sinnliche Darstellung sich jene großen, bedeutenden, musterhaften Ereignisse für sein ganzes Leben als wirklich, und als wenn sie neben ihm lebendig gewesen wären, zueignen sollte. Er betrachtete diese Bilder zuletzt nur aus den Augen des Kindes, und in diesem Sinne war er vollkommen damit zufrieden; und so waren die Wandelnden zu den traurigen, verworrenen Zeiten und endlich zu dem Untergang der Stadt und des Tempels, zum Morde, zur Verbannung, zur Sklaverei ganzer Massen dieser beharrlichen Nation gelangt. Ihre nachherigen Schicksale waren auf eine kluge Weise allegorisch vorgestellt, da eine historische, eine reale Darstellung derselben außer den Grenzen der edlen Kunst liegt.

Hier war die bisher durchwanderte Galerie auf einmal abgeschlossen, und Wilhelm war verwundert sich schon am Ende zu sehen. Ich finde, sagte er zu seinem Führer, in diesem Geschichtsgang eine Lücke. Ihr habt den Tempel Jerusalems zerstört und das Volk zerstreut, ohne den göttlichen Mann aufzuführen, der kurz vorher daselbst noch lehrte, dem sie noch kurz vorher kein Gehör geben wollten.

Dies zu tun, wie ihr es verlangt, wäre ein Fehler gewesen. Das

Leben dieses göttlichen Mannes, den ihr bezeichnet, steht mit der Weltgeschichte seiner Zeit in keiner Verbindung. Es war ein Privatleben, seine Lehre eine Lehre für die Einzelnen. Was Völkermassen und ihren Gliedern öffentlich begegnet, gehört der Weltgeschichte, der Weltreligion, welche wir für die erste halten. Was dem Einzelnen innerlich begegnet, gehört zur zweiten Religion, zur Religion der Weisen: eine solche war die, welche Christus lehrte und übte, solange er auf der Erde umherging. Deswegen ist hier das Äußere abgeschlossen und ich eröffne euch nun das Innere.

Eine Pforte tat sich auf und sie traten in eine ähnliche Galerie, wo Wilhelm sogleich die Bilder der zweiten heiligen Schriften erkannte. Sie schienen von einer andern Hand zu sein, als die ersten: alles war sanfter, Gestalten, Bewegungen, Umgebung, Licht und Färbung.

Ihr seht, sagte der Begleiter, nachdem sie an einem Teil der Bilder vorübergegangen waren, hier weder Taten noch Begebenheiten, sondern Wunder und Gleichnisse. Es ist hier eine neue Welt, ein neues Äußere, anders als das vorige, und ein Inneres das dort ganz fehlt. Durch Wunder und Gleichnisse wird eine neue Welt aufgetan. Jene machen das Gemeine außerordentlich, diese das Außerordentliche gemein. – Ihr werdet die Gefälligkeit haben, versetzte Wilhelm, mir diese wenigen Worte umständlicher auszulegen: denn ich fühle mich nicht geschickt es selbst zu tun. – Sie haben einen natürlichen Sinn, versetzte jener, obgleich einen tiefen. Beispiele werden ihn am geschwindesten aufschließen. Es ist nichts gemeiner und gewöhnlicher als Essen und Trinken; außerordentlich dagegen einen Trank zu veredeln, eine Speise zu vervielfältigen, daß sie für eine Unzahl hinreiche. Es ist nichts gewöhnlicher als Krankheit und körperliche Gebrechen; aber diese durch geistige, oder geistigen ähnliche Mittel aufheben, lindern, ist außerordentlich, und eben daher entsteht das Wunderbare des Wunders, daß das Gewöhnliche und das Außerordentliche, das Mögliche und das Unmögliche Eins werden. Bei dem Gleichnisse, bei der Parabel, ist das Umgekehrte: hier ist der Sinn, die Einsicht, der Begriff das Hohe, das Außerordentliche, das Unerreichbare. Wenn dieser sich in einem gemeinen, gewöhnlichen, faßlichen Bilde verkörpert, so daß er uns als lebendig, gegenwärtig, wirklich entgegen tritt, daß wir ihn uns zueignen, ergreifen, festhalten, mit ihm wie mit unsers Gleichen umgehen können, das ist denn auch eine zweite Art von Wunder und wird billig zu jenen ersten gesellt, ja vielleicht ihnen noch vorgezogen. Hier ist die lebendige Lehre ausgesprochen, die Lehre, die keinen Streit erregt; es ist keine Meinung über das, was Recht oder Unrecht ist; es ist das Rechte oder Unrechte unwidersprechlich selbst.

Dieser Teil der Galerie war kürzer, oder vielmehr, es war nur der vierte Teil der Umgebung des innern Hofes. Wenn man jedoch an dem ersten nur vorbei ging, so verweilte man hier gern; man ging gern hier auf und ab. Die Gegenstände waren nicht so auffallend, nicht so mannigfaltig; aber desto einladender den tiefen stillen Sinn derselben zu erforschen. Auch kehrten die beiden Wandelnden am Ende des Ganges um, indem Wilhelm eine Bedenklichkeit äußerte, daß man hier eigentlich nur bis zum Abendmahle, bis zum Scheiden des Meisters von seinen Jüngern, gelangt sei. Er fragte nach dem übrigen Teil der Geschichte.

Wir sondern, versetzte der Älteste, bei jedem Unterricht, bei aller Überlieferung sehr gerne, was nur möglich zu sondern ist; denn dadurch allein kann der Begriff des Bedeutenden bei der Jugend entspringen. Das Leben mengt und mischt ohnehin alles durcheinander, und so haben wir auch hier das Leben jenes vortrefflichen Mannes ganz von dem Ende desselben abgesondert. Im Leben erscheint er als ein wahrer Philosoph, – stoßet euch nicht an diesen Ausdruck – als ein Weiser im höchsten Sinne. Er steht auf seinem Punkte fest; er wandelt seine Straße unverrückt, und indem er das Niedere zu sich heraufzieht, indem er die Unwissenden, die Armen, die Kranken seiner Weisheit, seines Reichtums, seiner Kraft teilhaftig werden läßt und sich deshalb ihnen gleich zu stellen scheint, so verleugnet er nicht von der andern Seite seinen göttlichen Ursprung; er wagt sich Gott gleich zu stellen, ja sich für Gott zu erklären. Auf diese Weise setzt er von Jugend auf seine Umgebung in Erstaunen, gewinnt einen Teil derselben für sich, regt den andern gegen sich auf und zeigt allen, denen es um eine gewisse Höhe im Lehren und Leben zu tun ist, was sie von der Welt zu erwarten haben. Und so ist sein Wandel für den edlen Teil der Menschheit noch belehrender und fruchtbarer als sein Tod: denn zu jenen Prüfungen ist jeder, zu diesem sind nur wenige berufen; und damit wir alles übergehen, was aus dieser Betrachtung folgt, so betrachtet die rührende Szene des Abendmahls. Hier läßt der Weise, wie immer, die Seinigen ganz eigentlich verwaist zurück, und indem er für die Guten besorgt ist, füttert er zugleich mit ihnen einen Verräter, der ihn und die Bessern zu Grunde richten wird.

Mit diesen Worten eröffnete der Älteste eine Pforte und Wilhelm stutzte, als er sich wieder in der ersteren Halle des Eingangs fand. Sie hatten, wie er wohl merkte, indessen den ganzen Umkreis des Hofes zurückgelegt. Ich hoffte, sagte Wilhelm, ihr würdet mich ans Ende führen und bringt mich wieder zum Anfang. – Für diesmal kann ich euch nichts weiter zeigen, sagte der Älteste; mehr lassen wir unsere Zöglinge nicht sehen, mehr erklären wir ihnen nicht, als was ihr bis jetzt durchlaufen habt; das äußere allgemein Weltliche einem jeden von Jugend auf, das innere besonders Geistige und Herzliche nur denen, die mit einiger Besonnenheit heranwachsen, und das Übrige, was des Jahrs nur einmal eröffnet wird, kann nur denen mitgeteilt werden, die wir entlassen. Jene letzte Religion, die aus der Ehrfurcht vor dem was unter uns ist entspringt, jene Verehrung des Widerwärtigen, Verhaßten, Fliehenswerten geben wir einem jeden nur ausstattungsweise in die Welt mit, damit er wisse, wo er dergleichen zu finden hat, wenn ein solches Bedürfnis sich in ihm regen sollte. Ich lade euch ein, nach Verlauf eines Jahres wiederzukehren, unser allgemeines Fest zu besuchen und zu sehen, wie weit euer Sohn vorwärts gekommen; alsdann sollt auch ihr in das Heiligtum des Schmerzes eingeweiht werden.

Erlaubt mir eine Frage, versetzte Wilhelm: Habt ihr denn auch, so wie ihr das Leben dieses göttlichen Mannes als Lehr- und Musterbild aufstellt, sein Leiden, seinen Tod, gleichfalls als ein Vorbild erhabener Duldung herausgehoben? – Auf alle Fälle, sagte der Älteste. Hieraus machen wir kein Geheimnis; aber wir ziehen einen Schleier über diese Leiden, eben weil wir sie so hoch verehren. Wir halten es für eine verdammungswürdige Frechheit, jenes Martergerüst und den daran leidenden Heiligen dem Anblick der Sonne auszusetzen, die ihr

Angesicht verbarg, als eine ruchlose Welt ihr dies Schauspiel aufdrang, mit diesen tiefen Geheimnissen, in welchen die göttliche Tiefe des Leidens verborgen liegt, zu spielen, zu tändeln, zu verzieren und nicht eher zu ruhen, bis das Würdigste gemein und abgeschmackt erscheint. So viel sei für diesmal genug, um euch über euren Knaben zu beruhigen und völlig zu überzeugen, daß ihr ihn auf irgend eine Art, mehr oder weniger, aber doch nach wünschenswerter Weise gebildet und auf alle Fälle nicht verworren, schwankend und unstet wieder finden sollt.

Wilhelm zauderte, indem er sich die Bilder der Vorhalle besah und und ihren Sinn gedeutet wünschte. Auch dieses, sagte der Älteste, bleiben wir euch bis übers Jahr schuldig. Bei dem Unterricht, den wir in der Zwischenzeit den Kindern geben, lassen wir keine Fremden zu; aber alsdann kommt und vernehmt, was unsere besten Redner über diese Gegenstände öffentlich zu sagen für dienlich halten.

Bald nach dieser Unterredung hörte man an der kleinen Pforte pochen. Der gestrige Aufseher meldete sich, er hatte Wilhelm's Pferd vorgeführt, und so beurlaubte sich der Freund von der Dreie, welche zum Abschied ihn dem Aufseher folgendermaßen empfahl: Dieser wird nun zu den Vertrauten gezählt und dir ist bekannt was du ihm auf seine Fragen zu erwidern hast: denn er wünscht gewiß noch über manches was er bei uns sah und hörte belehrt zu werden; Maß und Ziel ist dir nicht verborgen.

Wilhelm hatte freilich noch einige Fragen auf dem Herzen, die er auch sogleich anbrachte. Wo sie durchritten stellten sich die Kinder wie gestern; aber heute sah er, obgleich selten, einen und den andern Knaben, der den vorbeireitenden Aufseher nicht grüßte, von seiner Arbeit nicht aufsah und ihn unbemerkt vorüberließ. Wilhelm fragte nun nach der Ursache und was diese Ausnahme zu bedeuten habe? Jener erwiderte darauf: Sie ist freilich sehr bedeutungsvoll: denn es ist die höchste Strafe, die wir den Zöglingen auflegen, sie sind unwürdig erklärt, Ehrfurcht zu beweisen und genötigt sich als roh und ungebildet darzustellen; sie tun aber das Mögliche, um sich aus dieser Lage zu retten und finden sich aufs Geschwindeste in jede Pflicht. Sollte jedoch ein junges Wesen verstockt zu seiner Rückkehr keine

Anstalt machen, so wird es, mit einem kurzen aber bündigen Bericht, den Eltern wieder zurückgesandt. Wer sich den Gesetzen nicht fügen lernt, muß die Gegend verlassen wo sie gelten.

Ein anderer Anblick reizte, heute wie gestern, des Wanderers Neugierde; es war Mannigfaltigkeit an Farbe und Schnitt der Zöglingskleidung; hier schien kein Stufengang obzuwalten, denn solche, die verschieden grüßten, waren überein gekleidet, gleich Grüßende waren anders angezogen. Wilhelm fragte nach der Ursache dieses scheinbaren Widerspruchs.

Es löst sich, versetzte jener, darin auf, daß es ein Mittel ist die Gemüter der Knaben eigens zu erforschen. Wir lassen bei sonstiger Strenge und Ordnung in diesem Falle eine gewisse Willkür gelten. Innerhalb des Kreises unserer Vorräte an Tüchern und Verbrämungen dürfen die Zöglinge nach beliebiger Farbe greifen, so auch innerhalb einer mäßigen Beschränkung Form und Schnitt wählen; dies beobachten wir genau, denn an der Farbe läßt sich die Sinnesweise, an dem Schnitt die Lebensweise des Menschen erkennen. Doch macht eine besondere Eigenheit der menschlichen Natur eine genauere Beurteilung gewissermaßen schwierig; es ist der Nachahmungsgeist, die Neigung sich anzuschließen. Sehr selten, daß ein Zögling auf etwas fällt, was noch nicht da gewesen, meistens wählen sie etwas Bekanntes, was sie gerade vor sich sehen. Doch auch diese Betrachtung bleibt uns nicht unfruchtbar, durch solche Äußerlichkeiten treten sie zu dieser oder jener Partei, sie schließen sich da oder dort an, und so zeichnen sich allgemeinere Gesinnungen aus, wir erfahren wo jeder sich hinneigt, welchem Beispiel er sich gleich stellt. Nun hat man Fälle gesehen, wo die Gemüter sich ins Allgemeine neigten, wo eine Mode sich über alle verbreiten, jede Absonderung sich zur Einheit verlieren wollte. Einer solchen Wendung suchen wir auf gelinde Weise Einhalt zu tun, wir lassen die Vorräte ausgehen; dieses und jenes Zeug, eine und die andere Verzierung ist nicht mehr zu haben; wir schieben etwas Neues, Reizendes herein, durch helle Farben und kurzen knappen Schnitt locken wir die Muntern, durch ernste Schattierungen, bequeme faltenreiche Tracht die Besonnenen, und stellen so nach und nach ein Gleichgewicht her.

Denn der Uniform sind wir durchaus abgeneigt, sie verdeckt den Charakter und entzieht die Eigenheiten der Kinder, mehr als jede andere Verstellung, dem Blicke der Vorgesetzten.

Unter solchen und andern Gesprächen gelangte Wilhelm an die Grenze der Provinz, und zwar an den Punkt wo sie der Wanderer, nach des alten Freundes Andeutung, verlassen sollte, um seinem eigentlichen Zweck entgegen zu gehen.

Beim Lebewohl bemerkte zunächst der Aufseher: Wilhelm möge nun erwarten bis das große Fest allen Teilnehmern auf mancherlei Weise angekündigt werde. Hierzu würden die sämtlichen Eltern eingeladen und tüchtige Zöglinge ins freie zufällige Leben entlassen. Alsdann solle er, hieß es, auch die übrigen Landschaften nach Belieben betreten, wo nach eigenen Grundsätzen der einzelne Unterricht, in vollständiger Umgebung, erteilt und ausgeübt wird.

Der obige Text ist entnommen aus «Goethes Werke» (Sophienausgabe), 24. Band: «Wilhelm Meisters Wanderjahre oder die Entsagenden», Zweites Buch, erstes und zweites Kapitel (Weimar 1894).

HINWEISE

Zu Seite

7 *Vortrag vom 26. Dezember 1914:* Für die Neuauflage von 1977 konnte zu diesem Vortrag eine weitere Nachschrift berücksichtigt werden. Änderungen gegenüber früheren Ausgaben sind hierauf zurückzuführen.

9 *zwei Jesuskinder:* Vgl. Rudolf Steiner «Aus der Akasha-Forschung. Das Fünfte Evangelium», Gesamtausgabe Dornach 1975, Bibl.-Nr. 148.

13 *Mani:* Mani lebte von 216–277. Im Jahre 1930 wurden in Mittelägypten manichäische Originalschriften gefunden.

15 *Faustus:* Im Jahre 383 Begegnung zwischen Augustinus und Faustus von Mileve, Confessiones V, 6f.

16 *einen anschaulichen Spruch der Gnostiker:* Der Originaltext steht im 10. Kapitel des V. Buchs der «Philosophumena» des Gnosisgegners Hippolytos: erst Mitte des 19. Jahrhunderts in einem Athoskloster aufgefunden. Ausgabe von P. Wendland S. 102. Die sinngetreue Übertragung des griechischen Texts stammt von Rudolf Steiner. Vgl. Th. Maurer in «Das Goetheanum». 15. Jg., Nr. 7.

17 «*Im Seelenaug' sich spiegelt ...*»*:* Vgl. Rudolf Steiner «Wahrspruchworte», Gesamtausgabe Dornach 1975, Bibl.-Nr. 40.

18 *Titel des Faust im 16. Jahrhundert:* Abt Johannes Trithemius erzählt, wie Faust, als er 1506 in Gelnhausen ein Zusammentreffen mit ihm vermeiden wollte, eine Besuchskarte mit der genannten Aufschrift hinterließ (Quelle der Totenbeschwörer, Sterndeuter, heilverkündender Magier, Handleser, Luftdeuter, Feuerdeuter, heilkundiger Harnbeschauer). Vgl. Herman Grimm, Die Entstehung des Volksbuches von Dr. Faust, in «Fünfzehn Essays, Dritte Folge», Berlin 1882, sowie Karl Kiesewetter, Faust in der Geschichte und Tradition, Leipzig 1893.

Simon Magus: Siehe Apostelgesch. 8, 9ff.

24 *Angelus Silesius* (Johannes Scheffler), 1624–1677. «Der Cherubinische Wandersmann».

25 *Ein großer Historiker:* Leopold von Ranke, 1795–1886. Vgl. Herman Grimm «Fragmente» zweiter und letzter Teil, Berlin 1902, Seite 174f.

26 *Wilhelm Meister:* In «Wilhelm Meisters Wanderjahre», Zweites Buch, zweites Kapitel.

29 *ein altes gnostisches Gedichtchen:* Siehe Hinweis zu Seite 16.

32 *unsere Geologen:* Zum Beispiel Eduard Sueß, 1831–1914, in «Das Antlitz der Erde».

die Jesusknaben: siehe Rudolf Steiner «Die geistige Führung des Menschen und der Menschheit», Gesamtausgabe Dornach 1974, Bibl.-Nr. 15.

33 *Christian Morgenstern,* 1871–1914. Gedicht in «Wir fanden einen Pfad».

34 *bei einer uns tief erschütternden Gelegenheit:* Siehe Rudolf Steiners Ansprache am Grabe von Albert Faiß, in «Unsere Toten», Ansprachen, Gedenkworte und Meditationssprüche 1912–1924, Gesamtausgabe Dornach 1963, Bibl.-Nr. 261.

RUDOLF STEINER GESAMTAUSGABE

A. SCHRIFTEN

I. *Werke*

II. *Gesammelte Aufsätze*

Aufsätze aus den Jahren 1882–1902

Aufsätze aus den Jahren 1903–1908

Aufsätze aus den Jahren 1911–1925

III. *Veröffentlichungen aus dem Nachlaß*

Wahrspruchworte, Fragmente, Entwürfe, Briefe und Aufzeichnungen

B. VORTRÄGE

I. *Öffentliche Vorträge*

II. *Vorträge vor Mitgliedern der Anthroposophischen Gesellschaft*

Vortragszyklen und Vorträge allgemein-anthroposophischen Inhalts

Vorträge zur Geschichte der anthroposophischen Bewegung und der Anthroposophischen Gesellschaft

III. *Vorträge und Kurse zu einzelnen Lebensgebieten*

Vorträge über Kunst: Eurythmie, Sprachgestaltung, Musik, bildende Künste und Kunstgeschichte

Vorträge über Erziehung

Vorträge über Medizin

Vorträge über Naturwissenschaft

Vorträge über das soziale Leben und über die Dreigliederung des sozialen Organismus

Vorträge für die Arbeiter am Goetheanumbau

Das Vortragswerk umfaßt annähernd 6000 Vorträge,
von denen zum größten Teil Nachschriften vorliegen

C. REPRODUKTIONEN UND VERÖFFENTLICHUNGEN AUS DEM KÜNSTLERISCHEN NACHLASS

Die Bände sind nicht numeriert, jedoch in den einzelnen
Gruppen einheitlich ausgestattet. Sie sind einzeln erhältlich

---

Rudolf Steiner · Das literarische und künstlerische Werk
Eine bibliographische Übersicht 1961/1966